Beate Helm

Psychologische Astrologie

Ausbildung Band 11

Das Weib im Horoskop

Lilith und die Asteroiden Ceres, Pallas Athene, Vesta und Juno

Satya-Verlag

Horoskopzeichnungen erstellt mit dem Programm Astrocontact Astroplus (www.astrocontact.at)

Haftungsausschluss

Die Benutzung dieses Buches und die Umsetzung der darin enthaltenen Informationen erfolgt ausdrücklich auf eigenes Risiko. Der Verlag und die Autorin können für Schäden jeder Art, die sich bei der Anwendung der in diesem Buch aufgeführten Informationen, Empfehlungen und Übungen ergeben, aus keinem Rechtsgrund eine Haftung übernehmen. Haftungsansprüche, Rechts- und Schadenersatzansprüche sind daher ausgeschlossen. Für die Inhalte von den in diesem Buch abgedruckten Internetseiten sind ausschließlich deren Betreiber verantwortlich. Verlag und Autorin distanzieren sich daher von allen fremden Inhalten. Zum Zeitpunkt der Verwendung waren keinerlei illegalen Inhalte auf den Webseiten vorhanden.

ISBN: 978-3-944013-38-7
ISBN-13: 978-3-944013-38-1

WICHTIGE HINWEISE

Die in dieser Buchreihe aufgeführten Methoden, Therapien und Übungen dienen der Persönlichkeitsentwicklung und Selbstheilung. Sie unterstützen darin, Bewusstheit in sein Leben zu bringen und eigenständig seine inneren Potenziale umzusetzen. Mit der Heilung oder Linderung körperlicher Beschwerden und psychischer Erkrankungen können diese Methoden und Übungen nicht in Zusammenhang gebracht werden. Wenn in dem vorliegenden Buch in der Medizin gebräuchliche Begriffe wie Heilung, Therapie oder Diagnose verwendet werden, so ist dies nicht im Sinne der Schulmedizin und des Heilpraktikergesetzes, sondern im auf den seelisch-geistigen Bereich übertragenen Sinn zu verstehen.

INHALTSVERZEICHNIS

DANK

Mein Dank in der Astrologie gilt sehr vielen Autoren, die mich in den letzten 30 Jahren inspiriert haben. Eingestiegen bin ich mit Wolfgang Döbereiner. Am meisten beeinflusst hat mich immer wieder Peter Orban.

Lilith bewusst in mein Wesen und meine astrologischen Beratungen und Seminare zu integrieren, war ein Paukenschlag an Vitalität und Tiefgang. Am meisten danke ich dabei dem ersten Impuls, den ich aus dem Buch von Hannelore Traugott erhalten habe.

Den Asteroiden nahegebracht hat mich das Buch von Demetra George, vielen Dank.

Besonders danke ich meinen Eltern Karl und Irene und meinen Geschwistern Uwe und Claudia, die auf meinem unkonventionellen Lebensweg immer fest an meiner Seite standen.

A

1. DAS WEIB IM HOROSKOP

Bis zur Entdeckung von Lilith und den Asteroiden für die astrologische Analyse, beschränkte sich die Beschreibung der Weiblichkeit im Horoskop auf die Planeten Mond und Venus. Das bedeutete die Entwicklung von Hingabe, Empfänglichkeit und Gefühlswelt (Mond) sowie der Weiblichkeit, Liebes- und Beziehungsfähigkeit in Mann und Frau (Venus). Frausein hieß kochen, Fürsorge, Kinder und sich schön machen, wogegen auch nichts einzuwenden ist. Diese Eigenschaften gehören zum Menschen dazu. Die anderen Planeten werden als männlich betrachtet (z. B. Sonne, Mars, Jupiter, Saturn), auch wenn sie ebenso weibliche Merkmale in sich tragen, wie Neptun (Auflösung und Verschmelzung), oder recht neutral sind (Merkur, Uranus) bzw. schwerlich zugeordnet werden können (Pluto).

Der erste Schritt der Emanzipation sieht denn so aus, dass Frauen auch ihre männlichen Qualitäten entfalten und Männer sich um die Umsetzung ihrer weiblichen Fähigkeiten bemühen. Damit sind wir dem Ziel des ganzen Menschen erheblich näher gerückt.

Der nächste Schritt liegt darin, die weiblichen Kräfte aus ihrer Reduktion auf die zwei Planeten zu befreien und durch "neue" Planetenenergien zu erweitern und zu differenzieren. Der allgemeine Aufruf zu einer breiter gefächerten Weiblichkeit zeigt sich in der Astrologie in der Aufnahme von Lilith und den Asteroiden in die Horoskopdeutung in den letzten Jahrzehnten.

Diese Erweiterung soll beiden Geschlechtern zugutekommen. Auch dem Mann wird es möglich, seine Weiblichkeit nicht nur auf die bescheidene Version des Hausmanns (Mond) oder des Modepoppers (Venus) einfrieren zu müssen.

Wie schon immer in der Astrologie wurde genau dann

eine neue Qualität (Planet, hier Asteroiden) entdeckt, wenn sich ein Umschwung in der Entwicklung des Menschen vollzog (Beispiel: Entdeckung des Uranus zur Zeit der amerikanischen und französischen Revolution, Entdeckung Plutos zur Zeit der Atombombenkonstruktion / Massenvernichtungsmethode).

Die folgenden Ausführungen zu den verschiedenen Weiblichkeitsbereichen verstehen sich nicht als völlige Neuheiten, sondern als Differenzierungen der globalen Mond- und Venusenergien. Sie wollen aus dem tiefen weiblichen Unbewussten wachrufen und wieder an die Oberfläche bringen, was bei den meisten Menschen in der zivilisierten Welt so lange Zeiten verschüttgegangen ist. Schuld für dieses Defizit sollte nicht bei den (äußeren) Männern gesucht werden, sondern in der eigenen überbewerteten Männlichkeit, der Angst vor weiblicher Tiefe und Stärke, vor der inneren Kraft und Vielschichtigkeit sowohl im Mann als auch der Frau.

Allgemeines zum Gebrauch des Buchs

Zu Anfang jeder Beschreibung finden Sie eine Auflistung der entsprechenden astrologischen Konstellationen, z. B. Lilith im 5. Haus. Sie bezieht sich nicht nur auf die Position im Geburtshoroskop, sondern kann auch auf Prognosemethoden angewendet werden. Bei diesem Beispiel ist das z. B. ein Transit Liliths zur Sonne oder durch das 5. Haus oder eine Lilith/Sonne-Konstellation im Solarhoroskop.

2. LILITH – DER SCHWARZE MOND ☽

Lilith war die erste Frau Adams, die standhaft dagegen aufbegehrte, sich unterzuordnen (ganz real durch ein klares Nein zu der Forderung, im Sexakt unter ihm zu liegen). In Ablehnung dieses für sie unergiebigen Geliebten, der sich nicht auf eine gleichberechtigte Verbindung einlassen wollte, verließ sie das Paradies.

Lilith flog davon und vereinigte sich mit einer Schar von Dämonen, die nahe des Roten Meeres lebten. Folge dieser Zusammenkünfte waren unzählige Geburten dämonischer Kinder. Sie wurde gewarnt, dass täglich hundert dieser Kinder sterben sollten, wenn sie sich weiter weigerte, zu ihrem Ex-Geliebten Adam zurückzukehren. Doch sie blieb. Sie erwürgte Neugeborene als Rache für ihre eigenen getöteten Kinder, mordete ihre verführten Liebhaber oder trieb sie in den Wahnsinn. Kurz, es wird ihr alles denkbar Schlechte an Weiblichkeit unterstellt. Ursache für ihr Verhalten soll ihr Schmerz über die Trennung vom Paradies und den Tod ihrer Kinder sein, ist aber auch ihre unbeherrschte, totale Sexualität und körperliche Begierde.

Wie die Geschichte mit Adam weitergeht, wissen wir ja. Er nahm sich Eva, die gefügige, wesentlich umgänglichere Variante an Frau, mit der es sich jetzt endlich im Paradies gemütlich machen wollte. Beine hoch und bitte das Bier anreichen. Weit gefehlt. Schon hatte Lilith einen letzten Auftritt, geschickt verwandelt in die züngelnde Schlange, die verführerisch den Apfel reichte. Da wir immer beide Seiten einer Energie in uns tragen, wurde Evas dunkle Seite angespitzt und griff beherzt zu. Schluss mit lustig und Schluss mit dem Paradies.

Diese Gesamtthematik erinnert stark an Mond-Pluto/Venus-Pluto. Die schwarze innere Tiefe, die klaffenden Abgründe, die verschlingende Mutter, die alles Blut aussaugende Geliebte, die weibliche Form des Teufels, die neben ihm gleichberechtigt herrschen möchte.

Lilith lebt sich aus, ist total und verweigert jede Halbheit, jede Ungleichheit. Sie will beide Geschlechter auf einer Ebene sehen und lässt sich, ist der damit verbundene Schmerz auch noch so groß, nicht in die üblichen Erwartungen zwängen. Sie zieht Abschied, Abwendung und Alleinsein einem artigen Frauendasein vor. Lilith symbolisiert vollkommene Instinkthaftigkeit, so genannte Verderbtheit, all das, was man sich in seinen meist gut verdrängten Phantasien vorstellen kann. Sie repräsentiert Lust, Sinnlichkeit, unkontrollierte Leidenschaft, ist die Verführerin par excellence, das triebhafte, gelüstige Spinnenweibchen, das nach absoluter Befriedigung schreit und hinterher genüsslich ihren Gespielen zum Nachtisch verspeist. Sie ist Hölle, Hure, und dabei vollkommen selbständig und unabhängig.

Mancher Astrologe verweist wie gesagt auf den alten Trennungsschmerz als Ursache für ihre bestialische Note. Meiner Ansicht nach bedarf es dafür keiner Ursachen. Es gibt diese Eigenschaften einfach und sie müssen wieder als ebenbürtig zur braven Mutti und Gattin ins menschliche Selbstbild integriert werden. Sie bringen erst dann Schwierigkeiten mit sich, wenn sie weggesteckt, aus dem Gedächtnis verdrängt und als schlecht abgeurteilt und bewertet werden.

Dann fangen sie an, Angst zu machen, sich erst richtig aufzubauen und als Schreckgespenster in der Außenwelt aufzutauchen. Anders sieht es aus, wenn man sich freiwillig in die dunklen Begierden fallen lässt, die diese

4

Thematik erweckt.

Lilith lehrt blutige Totalität und Freiheitskampf. Sie macht Angst, solange sie nicht bereitwillig als eine innere Figur, als neue Verwandte der inneren Großfamilie erkannt, willkommen geheißen und geliebt wird. Dann kann sie sich jedoch frei entfalten und dem Menschen zu mehr Festigkeit und innerer Weite verhelfen, da er es gewagt hat, auch dunkle Seiten zu integrieren und den Kampf zwischen namenloser Begierde und strikter Verweigerung als typisches Zeichen für diese (wieder entdeckte) neue weibliche Wesenheit in sich aufzunehmen.

Liliths Position im Horoskop oder auch als Transit zeigt deutlich an, in welchem Bereich wir uns total hineinsteigern und verausgaben oder total abwenden und verweigern. Meist besteht ein Ringen, ein Wechsel zwischen diesen Extremen. Wesentlich ist die Absolutheit, mit der beide Seiten gelebt und verfolgt werden. In unseren Lilithbereichen können wir nicht kühl und gelassen sein, sondern es tobt die Schlacht gegen Ungleichheit, Unfreiheit, Unwahrheit, Unechtheit.

Es ist eine kleine Teufelin, die hier wiedergeboren wird, als gleichwertiges Pendant zum sonst so üblichen Satan. Warum soll stets nur die männliche Seite sich der Verführungen zum Kontakt mit dem Verdrängten rühmen können. Nein, hier lebt die weibliche Seite dazu auf, will als ebenbürtig und mindestens ebenso höllenhaft erkannt und geehrt werden wie ihr männliches Spiegelbild.

Und sie haust sowohl in Mann und Frau, so dass die Projektionsarbeit auf die Frau allein gleich unterlassen werden sollte. Jeder hat die Möglichkeit, ihre Kräfte und Begierden, ihre Kompromisslosigkeit zu entfachen und sein Leben damit zu bereichern. Sie bleibt in ihrer Totalität nicht nur dem weiblichen Geschlecht vorbehalten.

Mag sein, dass ein tiefer Schmerz, ein Jahrhunderte alter Racheplan Paten für ihre Werke gestanden sind. Doch tut

5

dies nichts zur Sache. Lilith verlangt ihr Recht. Sie will gesehen und zum Ausdruck gebracht, sie will wieder aktiv und lustvoll zum Leben erweckt werden.

Ihre Konstellationen im Horoskop zeigen an, in welchem Bereich sie das verlangt und mit welchen Methoden sie ihr Werk vollbringt. Sie zeigen auch an, wie sie in ihrer (auch vorhandenen) allumfassenden, gebenden Seite in Erscheinung tritt. Sie entreißt nicht nur, sondern symbolisiert zudem die endlos nährende Kraft und Quelle, aus der alles entsteht, der jedes Wesen, alle Natur entspringt, und die sich deshalb das Recht heraus nimmt, sich im stillen Hain, in der Dämmerung des Tages mit einem Schlückchen Menschenblut zu laben.

Sie ist die allgegenwärtige weibliche Gottheit, das Zeichen für Fruchtbarkeit und schöpferischen Lebenssaft, für endlose Liebe, endloses Geben und gleichzeitig - untrennbar - das hinabschnellende Fallbeil, das gezückte, im Dunkeln blitzende Messer, das Leben genauso nehmen kann und wird, wie sie es zuvor geschenkt hat.

3. DIE 12 LILITH-KONSTELLATIONEN

1. LILITH - MARS

Lilith im Widder
Lilith im 1. Haus
Aspekte zwischen Lilith und Mars
Aspekte zwischen Lilith und AC

Eine Frau mit dieser Konstellation zeichnet sich durch einen ausgeprägten Kampfgeist für mehr Gleichberechtigung und die Stärke der Weiblichkeit aus. Darunter ist mehr ein Amazonendasein als die Kraft der Hüterin des heimischen Herdes zu verstehen. Im Vordergrund steht die triebhafte, sexuelle Begierde, die auf der Stelle und in bester Form ihre Befriedigung sucht. Entweder es wird nach Tiefe durch eine direkte und impulsive, eine fast schon wettstreitende Form der Sexualität verlangt, in der sich beide gleichstehen, oder es kommt zum Männerhass, zur vollkommenen Abwendung von dem offensichtlich nicht befriedigenden sexuellen Akt mit einem Mann. Dann muss jedoch ein anderes sexuelles oder körperliches Ventil gefunden werden, denn der Drang ist groß.

Lässt die Frau sich jedoch auf ein feuriges Liebesspiel ein, so muss ihr Auserwählter schon eine ganze Menge an Leidenschaft und Potenz aufbieten, um ihren klaren und überbordenden Forderungen gerecht zu werden. Tut er dies nicht, kann sie auf ihre Weise das Messer wetzen und ihn in seiner indiskutablen, mangelhaften Männlichkeit vollends zu Fall bringen. Entweder es kommt zu direkten, gewalttätigen Angriffen auf ihn und insbesondere sein

Heiligtum unter der Gürtellinie oder er wird für immer aus ihren Schlafgemächern verbannt. Mit Potenzschwächlingen kennt diese Konstellation kein Pardon.

Der Mann mit einer Lilith/Mars-Konstellation weiß instinktiv um diese Verhaltensweise und fürchtet daher vor der grausamen Rache bei Versagen. Es plagen ihn Kastrationsängste. Ein Weg, diesen zu begegnen, besteht darin, seine eigene Lilith/Marskraft an die Oberfläche zu bringen und selbst zum dämonischen Tier im Bett zu werden. Er muss lernen, an seine eigene Fähigkeit zu Intensität und Abgründigkeit zu glauben und sie mit aller Lust und zunehmender Angstfreiheit zum Leben zu erwecken. Weicht er dieser innerlich züngelnden Schlange aus, wird sie ihn von außen wild attackieren, wird sich in Gestalt einer hysterisch-triebhaften Frau auf ihn werfen, die sich hinterher ohne Worte oder mit lautem Geschrei beklagt, dass dies doch wohl nicht alles gewesen sein kann.

Die allumfassende, gebende Seite der Lilith/Mars-Persönlichkeit schenkt eine endlose Kampf- und Durchsetzungskraft, die aus den Tiefen der Urquelle des Lebens beständig gespeist wird. Ihr totales Weibsein ist mit dem feurigen Liebhaber in ihr vereint und schafft somit ein Energiefeld, das jede Schranke durchbrechen, jede Idee mit Urgewalt zur Tat werden lassen kann.

Konkrete Förderungen der Lilith/Mars-Persönlichkeit

Für die Frau:

- Sich an ihre immense Triebhaftigkeit wagen und auf deren Befriedigung auf Teufel komm' raus bestehen. Notfalls empfiehlt sich: selbst ist die Frau

- Kampf für absolute Gleichheit als Frau (beginnt im eigenen Inneren)

- Initiativen ergreifen, die diese Gleichstellung erkämpfen und verstärken

- Die kompromisslose, totale Kriegerin, die starke, kampfbereite Frau nach außen kehren, auch auf die Gefahr hin, einige Mitglieder der Männerwelt zu entsetzen und in die Flucht zu jagen

- Klare Forderungen in der Sexualität aufstellen; auf Potenz bestehen; bei nachlassenden Kräften eines Mannes sich in aller Selbstverständlichkeit ein oder mehrere rüstigere Modelle gleichzeitig zulegen

- Für die starke Aggressivität und das Gefühl der Lust auf Gewalttätigkeit (gilt auch für Männer mit dieser Position) sich ein Ventil für dessen Ausdruck suchen (körperliche Anstrengungen, Holz hacken, Autorennen, exzessive sportliche Aktivität und Abreaktion, künstlerischer Ausdruck etc.)

- Auch ihre gebende, gebärende Seite im Verbund mit lodernder Tatkraft wahrnehmen und in ihre Handlungen weibliche Instinkthaftigkeit und Nährkraft einfließen lassen.

- Für den Mann:

- Mut fassen

- Eine inbrünstige Sexualität entdecken und vollkommen einbringen

- Der schwarze Ritter, dem jedes Mittel recht ist, um
  sich durchzusetzen, der mit weiblicher Raffinesse
  und Subtilität genauso unermüdlich kämpft wie mit
  dem blanken Schwert

- Der Kämpfer, der unerkannt aus dem Verborgenen
  hervorschießt und nach schnell geschlagener
  Schlacht wieder verschwunden ist

- Hass und Aggression in eine impulsive Handlung
  oder Sportart abfließen lassen

- Seine pure Tatkraft immer von der Basis der allumfassenden, alles gebärenden und entreißenden
  Weiblichkeit aus zum Ausdruck bringen.

- Für beide:

- Klare Verweigerung rein körperlicher sexueller
  Vereinigungen, denen die emotionale Tiefe und In-
  brünstigkeit fehlt.

2. LILITH - STIER-VENUS

Lilith im Stier
Lilith im 2. Haus
Aspekte zwischen Lilith und Venus

Bei dieser Konstellation ist eine extreme Haltung gegenüber materiellen Werten, Geld und Eigentum zu erwarten.
Entweder man verlegt sich mit aller Gewalt und Intensität
auf deren Erwerb oder die Entscheidung fällt zugunsten to-
taler Askese und der Negierung aller irdischen Güter aus.
Ähnlich sieht es mit der Sinnlichkeit aus, dem Bedürfnis
nach kulinarischen und körperlichen Genüssen, nach dem
Schwelgen in feinsten Leckerbissen, seien diese nun ess-
bare Delikatessen oder verführerische, saftige Körper.
Beide Geschlechter können im Wechsel zwischen den
Extremen der vollkommenen Hingabe oder der absoluten
Verweigerung diese Lebensthemen zum Ausdruck bringen.
Dabei kann nicht nur die dafür prädestinierte Frau, sondern
auch der (hoffentlich lernfähige) Mann die Kunst der sinn-
lichen Verführung üben, können sie beide im Taumel der
Gelüste zu ihrer dunklen Mondseite hinabsteigen und den
anderen mit viel List und Tücke, mit viel beschwörender
Liebeskraft zu allerlei Schlemmereien anregen, ihn langsam auffüllen, dicker und schwerer werden lassen, bis er
sich nicht mehr aus der Höhle der/des Begierigen hinaus-
bewegen kann und will, bis die Fliege im genüsslichen
Netz für immer fest und sicher gefangen ist.
Die allumfassende, gebende Seite der Lilith/Venus-Per-
sönlichkeit zeigt sich in einer tiefen Verbundenheit zur
greifbaren Natur, zur Mutter Erde und all ihrer Geschöpfe,
vor allem aus dem Reich der Tiere und Pflanzen, in der Fähigkeit, eine ewig sprudelnde, nie versiegende Nährquelle

für sich und andere zu sein.

Konkrete Förderungen der Lilith/Stier-Venus-Persönlichkeit

- Geld, Besitz und Eigentum als ihr Totalitätsgebiet erfassen und entsprechend damit agieren (totaler Reichtum oder Askese).

- Ihr Geld mit der Inbrunst oder den Themen der Urweiblichkeit verdienen.

- Ein Sicherheitsgefühl auf der Fähigkeit zu Abgründigkeit und Verführung aufbauen

- Sich durch Intensität, Echtheit und Verbundenheit zu schwarzer Leidenschaft abgrenzen

- Vollkommene Hingabe an Genüsse, Gelüste, Sinnlichkeit, Wein/Weib/Gesang oder ihre totale Verweigerung

- In Kontakt mit der endlosen Nährquelle der Natur treten und diese konkret ausdrücken.

3. LILITH - ZWILLINGE-MERKUR

Lilith in den Zwillingen
Lilith im 3. Haus
Aspekte zwischen Lilith und Merkur

Hier wird mit schneidenden Worten, mit klarem Geist und kaltem Verstand gearbeitet, um der inneren weiblichen Dunkelheit Ausdruck zu verleihen. Es besteht die Fähigkeit, diesen brodelnden inneren Sumpf geistig zu erfassen und in klare, fast schon tödliche Worte zu kleiden. Man kann mit Worten tief in das Gegenüber eindringen und jede Bemerkung als Waffe, als Dolchstoß zum Einsatz bringen. Gleichzeitig besteht ein Kampf zwischen den ursprünglichen, tiefgründigen Gefühlen und dem Wunsch nach mentalem Abstand dazu. Man versucht über seine begierige, weibliche Saftigkeit nachzudenken, darüber zu reden, anstatt sie zu riechen, zu schmecken und zu leben. In der Verknüpfung von beiden kann mit Wortgewalt oder eisigem Schweigen Einfluss ausgeübt und damit der andere in die Knie gezwungen werden.

Worte können vernichten, ebenso wie die Weigerung, auch nur noch einen Ton zu sagen, sich jemals wieder zu einer Sache zu äußern.

Auch die Fähigkeit zu messerscharfer Argumentation und Wortgewandtheit zählen in diesen Bereich des schwarzen Mondes.

Die allumfassende, gebende Seite der Lilith/Merkur-Persönlichkeit speist ihre Worte und ihr Denken aus der unvergänglichen Quelle dessen, was uns in Wahrheit ausmacht, woraus wir geboren wurden und worin wir auch wieder vergehen werden. Der nackte, objektive Intellekt kann mit altem, weiblichem Wissen gepaart, angereichert und in Einklang gebracht werden. Es kann mit dieser Konstellation gelernt werden, wieder in Worte zu fassen und zu vermitteln, was über viel zu lange Zeit an ewigem Wissen in Vergessenheit geraten und aus unserem Gedächtnis gefegt worden ist.

Konkrete Förderungen der Lilith/Zwillinge-Merkur-Persönlichkeit

- Ihren Merkurbereich (Reden, Schreiben, Dichten, Lesen, Lernen, Wissen aneignen und vermitteln) finden, in dem sie am besten in Kontakt mit ihrer dunklen Mondseite gelangt, und diesen als Ventil und Ausdrucksform nutzen

- Sich schriftstellerisch über die Lilith-Themen auslassen

- Durch bestimmte Themen und Wortwahl im Gespräch bzw. totales Schweigen ihre Kompromisslosigkeit, ihre Zu- oder Abneigung zeigen.

- Ihre Worte aus der tiefen, urweiblichen Seele aufsteigen lassen

- Altes, verloren gegangenes weibliches Wissen an die Oberfläche gelangen lassen, zu dessen Kanal werden und es weitergeben.

4. LILITH - MOND

Lilith im Krebs
Lilith im 4. Haus
Aspekte zwischen Lilith und Mond
Aspekte zwischen Lilith und IC

Eine Frau mit dieser Konstellation wehrt sich mit aller Kraft dagegen, die traditionelle Frauenrolle insbesondere als fürsorgliche Mutter und Familienmensch zu spielen. Sie sträubt sich tief aus ihrem Inneren heraus, die konventionell geforderte Wärme und Kinderversorgung zu liefern oder spürt zumindest einen starken Widerstreit in sich zwischen dem Wunsch nach heimeliger Weichheit und vollkommener Unabhängigkeit, frei von üblichen Erwartungshaltungen, zuerst in ihrem Inneren, dann als Folge auch in der Außenwelt.

Sie kann diesen intensiven Wunsch nach Befreiung von Heim und Herd auch unterdrücken und sich ganz auf die helle Mondseite schlagen, sich z. B. vorstellen, unbedingt hingebungsvolle Mutter sein zu wollen und dann Probleme zu haben, zu empfangen oder zu gebären. Abtreibungen, Kindermorde und Totgeburten gehören ebenso in diesen Bereich.

Lilith lässt sich ungern übersehen und es bereitet Schmerzen, wenn ihre Anwesenheit ignoriert wird. In Verbindung mit dem lichten Mond verlangt sie die Abkehr von der passiven Mütterlichkeit und stattdessen das Bild der streitbaren Mutter, die sich von der aktiven, gleichberechtigten Seite zeigt, oder der absoluten Anti-Mutter.

Ein Mann mit einer Schwarzer Mond/Mond-Konstellation wird alles Böse, was ihm einfällt und ihn ereilt, auf die Schrecklichkeit der Frauen projizieren. Er hat Angst vor ihrer hinabziehenden, aussaugenden Art, ihrer unfehlbaren Verführungskunst und fühlt sich gleichzeitig magnetisch angezogen. Er empfindet Frauen als verschlingende Monster ebenso wie als Quelle höchster und berauschender Sinneslust. Sie halten ihm ihre Milch spendende Weiblichkeit entgegenhalten, obwohl sie genau wissen, dass der angeblich so nährende Saft vergiftet ist, abhängig macht und für immer in ihre Fänge treibt.

Die Erwartung, dass eine Frau ihm reine Geborgenheit schenkt, wird enttäuscht werden, da sie nicht seinem realen Wesen entspricht. Auch wenn er glaubt, eine heile Familienwelt aufzubauen, wird sich entweder diese Frau als trojanisches Pferd entpuppen, das auch Schlangengift in sich trägt, oder aber es begegnet ihm die verdrängte schwarze Weiblichkeit in Form einer anderen Frau in seinem vertrauten Lebensumfeld. Der äußere Spiegel für seine innere Stimme, die nach Abwendung vom reinen Mutterdasein aufruft, wird ihm nicht erspart bleiben. Was er tun kann, ist, sich mit seiner finsteren Emotionalität freiwillig auseinanderzusetzen und zu erkennen, dass er es selbst ist, der den Stachel der Totalität in sich trägt, der nach absolutem Gefühl strebt, egal welcher Art es gerade sein sollte.

Die allumfassende, gebende Seite der Lilith/Mond-Persönlichkeit ist Abbild des ewigen Rhythmus aller Schöpfungen der Natur. Sie ist Ebbe und Flut und versteht, mit diesem ewigen Auf und Ab nicht nur zu fließen und zu leben, sondern es auch nachhaltig in ihrem Dasein auszudrücken. Sie hält (von ihrer positiven Seite her) nichts und niemanden fest, sondern schwört auf den ständigen Wandel, lernt, sich und anderen Mutter zu sein, nicht nach konventionellen Vorschriften, sondern weil sie spürt, wie sie selbst jeden Moment im Überfluss versorgt und bemuttert wird und gar nicht anders kann, als diese reichen, nie versiegenden Gaben weiterzugeben. Sie ist Medium für das

Schenken und das Nehmen dessen, was die große Göttin
für uns bereit hält.

Konkrete Förderungen der Lilith/Mond-Persönlichkeit

Für die Frau:

- Sich nicht auf das gewöhnliche Mutter- und Familienbild versteifen

- Zu wissen, dass sie für die reine Mutter- und Versorgerinnenrolle nicht geschaffen ist und sich daher entweder ganz von ihr abkehren oder eine sehr freiheitliche, eigenständige Form davon schaffen und leben

- Von der passiven, hingebungsvollen Weiblichkeit abrücken oder sie zumindest im Wechsel mit Stärke und Alleinsein leben

- In ihrer Phantasie oder z. B. schöpferischem Selbstausdruck ihre dunklen, gefühlsmäßig und mit sehr viel Leidenschaft gefütterten Triebe bis ins Detail ausmalen und auskosten, sie in ihr Wesen wieder mit aufnehmen; ihre Lust an Verführung durch Weichheit, Hingabe und Zärtlichkeit spüren und verwirklichen

- Ihre Geborgenheit in dem ewigen Rhythmus der Natur wiederfinden

- Die Fülle der auch seelischen Versorgung durch die große Göttin wahrnehmen, zulassen, annehmen

und die Kräfte versorgend an andere weiter schenken

- Ausdruck werden für die alles durchdringende
Seele mit ihren hellen und dunklen Seiten, die immer untrennbar miteinander verbunden sind.

Für den Mann:

- Sich nicht eine rein auf Heim und Familie fixierte
Frau aussuchen, sondern auch Wert auf eine
dunkle, unergründbare Note bei seiner Partnerwahl
legen

- Sich selbst als emotional sehr radikal und intensiv
erkennen und erleben

- Angst vor und schlechte Erfahrungen mit radika-
len, extremen, abweisenden Frauen als Projektion
erkennen und diese Eigenschaften in sich selbst
auftun und integrieren

- Sich für eine leidenschaftliche Gefühlsverbindung
öffnen, fernab aller Konventionen und üblichen Erwartungshaltungen

- Seine gebende, an die Rhythmen von Zeit und
Raum angeschlossene, mütterliche Seite mit aller
Inbrunst erfahren und weitergeben.

5. LILITH - SONNE

Lilith im Löwen
Lilith im 5. Haus
Aspekte zwischen Lilith und Sonne

Hier wird eine Königin geboren, die mit allem Stolz und in vollkommener Eigenständigkeit ihr Leben führen möchte. Eine Frau mit dieser Konstellation fühlt sich sowohl von ihrer männlichen wie auch weiblichen Schöpferkraft her unschlagbar und füllt beide Bereiche auch im Alleingang aus. Mehr noch wie bei den anderen Konstellationen kann sie auf einen ständigen männlichen Begleiter gut verzichten und will selbst beide Rollen der Geschlechter spielen. Entweder sie rückt sich damit unübersehbar in den Mittelpunkt oder sie durchlebt Phasen des absoluten Rückzugs aus dem show-business des Lebens.

Es fällt ihr schwer, Männern Achtung und Respekt zukommen zu lassen, da sie sich als Mann-und-Frau-Kraftpaket oft schnell der ihr von außen angebotenen Schmächtigkeit der Nur-Männer überlegen fühlt. Sie kann nur dann einen Mann als gleichberechtigtes, ebenbürtiges Gegenüber zulassen, wenn er ebenso in tiefem Kontakt mit dem endlos quellenden Lebenssaft, der auch immer den Tod beinhaltet, steht wie sie.

Diese Frau verfügt über ihre tiefe, dunkle Weiblichkeit und gleichzeitig die Kreativität und Selbständigkeit, diese in ihrer einzigartigen Form nach außen zu bringen. Sie ist schwarze, leidenschaftliche Mutter und Vater in einer Person.

Sexualität heißt für sie unkontrolliertes Eintauchen in ihre Instinkthaftigkeit, das Aufleben lassen aller Sinne, Begierden und Lustbarkeiten. Sie speichelt ein mit ihrem ganzen Wesen, wenn sie nur daran denkt, ihn in ihre Fänge zu bekommen und für alle Zeiten ihrem Drang freien Lauf lassen und davontreiben zu können, bis sie eine Entladung nach der anderen in immer tiefere und gleichzeitig höhere Welten des Daseins entrücken lässt.

Sollte es ihr Geschlechtspartner wagen, dieses heilige, weil alles zum Leben erweckende Geschehen auf einen rein körperlichen Auf- und Nieder-Akt zu reduzieren, steht sie auf, erhebt sich in ihrer ganzen Größe und verlässt wortlos das Feld.

Ein Mann mit dieser Konstellation spürt in derselben Weise die tief brodelnde Intensität in seinem Inneren, die er mit seiner Sexualität und Schöpferkraft vereinigen kann. Auch er will damit auftrumpfen und unüberhörbaren Beifall erhaschen. Er muss lernen, die dunkle Weiblichkeit nicht länger nach außen, auf Mutter und Gattin zu projizieren, sondern sie als sein eigen erkennen und als Quelle für die Darstellung seiner Einmaligkeit mit nutzen.

Die allumfassende, gebende Seite der Lilith/Sonne-Persönlichkeit drückt sich für beide Geschlechter in einer tief in der Urquelle des Seins verwurzelten Schöpferkraft aus, in einem Erblühen aus den innersten Eingeweiden der Erde heraus, in der Fähigkeit, sich und andere mit Wärme, Licht und Herzenskraft zu nähren, da man sich selbst als Ergebnis, als lebendiger Ausdruck der Einheit von Empfangen und Geben, von geboren und Licht werden und Sterben fühlt und wahrnimmt.

Konkrete Förderungen der Lilith/Sonne-Persönlichkeit

- Mit Hilfe von Kreativität und künstlerischem Ausdruck in Kontakt mit dem schwarzen Teil ihrer Seele gelangen und diesen darstellen

- Als Frau sich zur schwarzen Königin (zuerst durch sich selbst) krönen lassen

- Selbstbewusstsein durch den Ausdruck der inneren Abgründigkeit gewinnen

- Ihre dunkle Seite mit Souveränität nach außen präsentieren

- Ihre Sexualität nur aus dem innersten Instinkt heraus leben

- Verweigerung rein körperlicher, eindimensionaler Sexakte

- Sich ein schwarzes Denkmal setzen

- Gespeist durch die ewige Quelle von Leben und Tod zu ihrer höchsten Blüte aufsteigen und sich und andere mit Herzenskraft und Wärme nähren.

6. LILITH - JUNGFRAU-MERKUR

Lilith in der Jungfrau
Lilith im 6. Haus
Aspekte zwischen Lilith und Merkur

Hier kommen das penible Reinlichkeitsbedürfnis der Jungfrau und der dunkle Tiefgang des schwarzen Mondes zusammen. Es entsteht ein innerer Konflikt zwischen der Unschuld vom Lande und dem krassen Gegenteil davon, nämlich den finsteren inneren Eingeweiden. Es besteht daher die Gefahr, sich auf eine Seite zu schlagen und entweder alles Dunkle rigoros von sich zu weisen oder Reinheit und Unschuld als völlig indiskutabel zu verwerfen, d.h. sich nur mit der schwarzen Seite zu identifizieren. Jungfrau symbolisiert auch Arbeit und Dienstbarkeit. Vielleicht betrachtet man dunkle Machenschaften, seine tief schwelenden Abgründe und das, was sie von einem verlangen, als Dienst für die Sache, sieht sich als fleißige/r Arbeiter/in auf den Pfaden von Magie und Verführungskunst, von Wieder-Erinnerung des Menschen an all seine dunklen Gestalten, die er bis dahin im Kerker des Unbewussten gehalten hat.

Eine andere Variation stellt eine so genannte unehrenhafte Arbeitsform oder -methode dar, oder die Fähigkeit, in seiner Arbeit (z. B. durch Analyse) diese inneren Tiefen zuerst bei sich und dann bei anderen auszuloten.

Die allumfassende, gebende Seite der Lilith/Merkur-Persönlichkeit betrachtet ihr Dasein allein in der Hingabe an die weibliche Göttlichkeit und den Dienst, den sie in ihrem Namen zur Heilung (= Wieder-eins-werden mit der Allkraft der Natur, mit ihren Rhythmen und Gesetzen) aller Geschöpfe leistet. Sie dient durch ihre Lehre, dass das

Leben in seiner Jungfräulichkeit wahrgenommen werden sollte, unverfälscht durch Moral, einengende Konvention, Werturteile und einseitige Orientierung nur am so genannten Guten (das immer das Böse mit einschließen wird). Reinheit bedeutet hier die Reinigung von Ego und Eigenmächtigkeiten, um sich der höheren Führung der weiblichen Gottheit vollkommen unterstellen zu können.

Konkrete Förderungen der Lilith/Jungfrau-Merkur-Persönlichkeit

- Innere Unschuld und dunkle weibliche Ursprünglichkeit in sich gleichsam existieren zu lassen, anstatt sich auf eine Seite zu schlagen und die andere von außen präsentiert zu bekommen und dort zu bekämpfen

- Mit Hilfe von Analyse in Kontakt mit ihrer dunklen mütterlichen Seite gelangen

- Themen des schwarzen Mondes (Totalität in der Forderung oder der Verweigerung, Verführung, Verschlingen, Aussaugen, Exzesse, absolute Gleichheit und Gleichberechtigung, Fähigkeit zu Eigenständigkeit, Alleinsein, Einsamkeit als Folge der Abwendung von allem, was nicht den klaren Forderungen und Begierden entspricht, zügellose Sexualität) zu ihrem Arbeitsbereich machen, als ihre Art des Dienens betrachten.

- Ins Gesundheitsbewusstsein und die Gesundheitsvorsorge die Arbeit mit der dunklen Weiblichkeit und deren Bedürfnissen mit aufnehmen.

- Innere Reinigung von allen Eigenheiten (Eigensinn, Eigenmacht etc.), um sich vollkommen in den Dienst der weiblichen göttlichen Kraft, die Licht und Schatten als selbstverständliche Einheit umfasst, die Leben gibt und Leben nimmt, stellen zu können.

7. LILITH - WAAGE-VENUS

Lilith in der Waage
Lilith im 7. Haus
Aspekte zwischen Lilith und Venus
Aspekte zwischen Lilith und DC

Bei dieser Konstellation sind wir auf dem Schlachtfeld der Beziehungen angelangt. Es begegnen sich innerlich (und oft zwischen innen und außen) der nette, harmoniebedürftige Beziehungswunsch der kultivierten Waage und die Forderung nach totalem, ausschließlichen Zusammensein oder aber die eiskalte Abkehr von dem Geliebten, 1. aus dem Bedenken heraus, sich abhängig machen zu können, und 2. jedes Mal dann, wenn er nicht das geliefert hat, was gnadenlos und absolut gefordert wurde (Lilith).

Es herrscht das Verlangen nach Gleichberechtigung und nach einer höchst erfüllten, leidenschaftlichen Sexualität, in der alle Formen der Triebhaftigkeit tabulos zum Ausdruck kommen können.

Weiblichkeit ist nicht länger Entgegenkommen und Freundlichkeit (Waage), sondern das Bedürfnis, den anderen einzuverleiben.

Dazu werden jedoch schon mal gerne Waage-Qualitäten zum Einsatz gebracht. Man putzt sich heraus, zeigt sich von seiner besten Seite, mit seinem himmlichsten Lächeln, Koketterie und Charme, um seine teuflischen Pläne der absoluten Anbindung zu verwirklichen oder seine Rachebedürfnisse in die Tat umzusetzen.

Es kann auch zum steten Wechsel zwischen vollkommener Intensität und der Verstoßung des gerade noch so Angebeteten kommen, wenn sich der innere Unabhängigkeitsdrang der Lilith bemerkbar macht oder sie in ihrem Streben nach Gleichberechtigung verletzt wurde.

Oft wird auch nur eine Seite gelebt und man sieht sich als den Partner, der alles gibt, während der andere die ablehnende, nach Totalität schreiende Haltung untergejubelt bekommt.

Die Konstellation befähigt zu einer sehr tiefgehenden Beziehung, in der die Verbindung zum Partner hilft, in Kontakt mit der inneren dunklen Mütterlichkeit/ Weiblichkeit zu gelangen. Das trifft für beide Geschlechter zu.

Die allumfassende, gebende Seite der Lilith/Venus-Persönlichkeit ist in der Lage, Liebe von der Projektion auf eine bestimmte auserwählte Person (mit der man dennoch zusammen sein kann) abzukoppeln und als allgegenwärtige Essenz, die der Natur innewohnt, wahrzunehmen, die jedermann von überall her - konkret oder feinstofflich - entgegenkommt und den Urkern jeden beseelten Wesens ausmacht.

Lilith verhilft hier zu einer inbrünstigen, bedingungslosen Liebe, die nur deshalb möglich ist, weil alle Seiten und Winkel des (Innen-)Lebens in Liebe wiedererkannt und angenommen worden sind.

Konkrete Förderungen der Lilith/Waage-Venus-Persönlichkeit

- Sich ihr Verlangen nach einer absoluten, doch recht dunkelheitsorientierten Beziehung eingestehen

- Sich ihrer ausgeprägten Verführungskünste bewusst sein (Mann wie Frau) und sie auch bewusst einsetzen (Schluss mit dem "Engel spielen")

- Sich als Frau der Aversion bewusst sein, eine übliche Rolle der Gattin spielen zu müssen, und sich selbst ihre Art des Partnerdaseins definieren (absolute Intensität und Gleichberechtigung; totales Verlangen, totale Forderungen wechseln mit vollkommener Abkehr)

- Ihre Schönheit auch in ihrer Fähigkeit zu Kompromisslosigkeit und ausschließlichen Beziehungen, in ihrer starken erotischen Ausstrahlung erkennen und bewusst ausbauen und einsetzen

- Durch die Akzeptanz aller Seiten des Lebens und Todes zu einer bedingungslosen Liebe finden und selbst dazu werden

- Liebesfähigkeit durch vollkommene Verbindung und Harmonie mit den beiden Anteilen der weiblichen Gottheit.

8. LILITH - PLUTO

Lilith im Skorpion
Lilith im 8. Haus
Aspekte zwischen Lilith und Pluto

Hier treffen zwei Gleichgesinnte aufeinander, die sich in ihrem Verlangen nach Tiefe und Leidenschaft die Hand reichen können. Hades der Unterwelt begegnet seinem gleichwertigen weiblichen Pendant. Es entsteht eine innere Verbindung aus männlichem und weiblichem Schwarz.

Persönlichkeiten mit dieser Konstellation haben beste Möglichkeiten - und sollten auch die Notwendigkeit dazu erkennen, - ihr Innenleben, ihre noch unbewussten Seiten mit allem Mut zu erforschen und jede Wertung und Unterscheidung von Gut und Böse hinter sich zu lassen.

Es gelangen innere Bilder an die Oberfläche, die sich durch Extreme jeder Art auszeichnen und die gleichberechtigt zu den freundlichen Persönlichkeitsanteilen Licht und Leben sehen wollen.

Problematisch wird es wie immer, wenn diese Kräfte weggedrängt werden und in der inneren Unterdrückung leben sollen. Dann wird ihr Auftritt in der ergänzenden Außenwelt erst richtig schrecklich und sie begegnen einem als dominante, subtil oder direkt quälende Monster, als Vergewaltiger, Gewalttäter oder seelisch Grausame, als Menschen, denen gegenüber man sich ohnmächtig, entmachtet fühlt - ein Zustand, der nur durch die Integration der verdrängten, unbewussten Seiten in sich wieder geändert werden kann.

Dass die Fähigkeit zur Verführung sowie die Verstoßung unliebsamer Außenmenschen gepaart mit ausgeprägten Rachegefühlen und -plänen (und -aktionen) hier ihren Höhepunkt erlebt, muss nicht ausdrücklich erwähnt werden. Es ist elementar, dafür ein bewusstes Ventil zu finden (man beachte jeweils die Häuser/Zeichenstellung von Lilith bzw. des Aspektes). In der (Wieder-)Verbindung mit den vergessenen Begierden und Brutalitäten, Machtbedürfnissen und Rachegelüsten steckt das hohe Energiepotenzial dieser Konstellation, steckt ihre Heilung und vielleicht auch die Entwicklung der Fähigkeit, anderen bei diesem inneren Zusammenwachsen zu helfen.

Die allumfassende, gebende Seite der Lilith-Pluto-Persönlichkeit kann sich am besten bei gerade diesem Heilungsprozess zeigen, indem alle Energie und aller Mut, alle Echtheit und uneingeschränkte Wahrheitsliebe zum Einsatz gebracht werden, um eine Brücke zu bauen bzw. wiederherzustellen zwischen Bewusstsein und Unterbewusstsein, auf dass wieder zusammenwachsen kann, was schon immer eins war.

Konkrete Förderungen der Lilith-Pluto-Persönlichkeit

- Ihren Weg finden, wie sie an der Erforschung und Integration ihrer unbewussten Inhalte arbeiten kann (ist natürlich bei jedem wichtig, aber hier mehr als elementar)

- Ein Ventil für die auftauchenden Bilder parat haben (geeigneter Sexpartner, künstlerische Tätigkeit etc.)

- Ihre Verführungskünste in allen Facetten entwickeln und ausleben

- Den Wiederkontakt mit ihrer verschlingenden, dunklen Mütterlichkeit als Grundstock und Basis für ihre Macht und Selbstbestimmung erkennen und wiederherstellen (Kunst, Phantasiereisen, Lesen bzw. Schreiben entsprechender Literatur, Sehen oder Produzieren entsprechender Filme etc.)

- Zügellose Sexualität als Quelle für Wandlung und tiefe Selbsterkenntnis

- Ihren dunklen Phantasien frönen

- Ihre gesamte Kraft auf den Heilungsprozess des Risses zwischen Bewusstsein und Unterbewusstsein, auf das Zusammenwachsen zwischen oben und verdrängtem unten anwenden und so bei sich und anderen wieder Ganzheit herstellen.

9. LILITH - JUPITER

Lilith im Schützen
Lilith im 9. Haus
Aspekte zwischen Lilith und Jupiter

Hier wird entweder mit aller geistiger Kraft nach dem Sinn des Daseins gesucht und sein Weltbild mit Unnachgiebigkeit verteidigt, oder es wird mit jeder Art des Lebenssinns, der Religion gebrochen, um sich dem Atheismus zu verschreiben.
Entweder man ist voller Zuversicht und ergibt sich der

Fülle, seinem Expansionsstreben, seinem tiefgehenden Drang nach Weiterentwicklung und Bewusstheit, oder aber man wendet sich von jeder Möglichkeit des Weiterkommens, auch des Glücks, Erfolgs und der Erfüllung ab und negiert diese Lebensthemen kategorisch.

Der Konstellation kann auch ein Religionsfanatiker oder ein ungeheurer Missionsgeist in Bezug auf sein Weltbild oder seine religiöse Haltung innewohnen. Entweder man glaubt, man hätte Wahrheit und Weisheit absolut für sich gepachtet und kehrt jedem den Rücken, der es wagt, anderer Meinung zu sein oder für sich eine andere Lebensanschauung gefunden zu haben, oder man bestreitet jeden tieferen Sinn des Lebens.

Hochgeistige, vom Urgrund allen Lebens, aller Lebendigkeit abtrennende Philosophien werden verworfen und als leere Luft des Geistes degradiert. Religio heißt hier, sich wieder einzuwühlen, sinken zu lassen in die fruchtbare Saftigkeit des Daseins, in den immer wiederkehrenden, ewigen Wandel von Leben und Tod, von Hinabsteigen und wieder Emporsteigen, von Leben geben und Leben nehmen. Liliths geistiges Zuhause ist hier das leuchtende, heilsame Grün einer Wiese, die ihre Pflanzenkörper dem Licht der Sonne und dem Wind entgegenreckt, während sich unten tiefe Wurzeln in das Reich der Erde und der Wasser eingraben und von diesen genährt werden - bis auch sie vergehen und dabei als Nahrung für die Lebenden dienen, um zu gegebener Zeit wieder selbst aufzuerstehen und erneut an dem Reigen des Lebens teilhaben zu können.

Die allumfassende, gebende Seite der Lilith/Jupiter-Persönlichkeit versorgt demnach mit ihrer Art von Religion, mit einem ganz natürlichen, selbstverständlichen Verbundenheitsgefühl, einer Einheit voller Leichtigkeit und Weite mit allem, was die Natur je hervorgebracht und wieder genommen hat.

Konkrete Förderungen der Lilith/Jupiter-Persönlichkeit

- Sich ein Weltbild und eine religiöse Glaubenshaltung zulegen, in der gleich viel Raum für die lichte und die düstere Seite des Menschseins vorhanden ist

- Ihre Erfüllung in der Verweigerung alles Halbseidenen, in der Totalität, in der Gleichberechtigung und Gerechtigkeit, in ihren sich windenden weiblichen Kräften, in ihrer Verführungskunst, ihrer dämonischen Seite erkennen und anstreben

- Sich weiterentwickeln und ihr Bewusstsein erweitern durch die Wiederverbindung mit ihrer dunklen weiblichen Seite

- Ihre Religion in den ewig wiederkehrenden Zyklen und Rhythmen der Natur suchen und wiederfinden, in denen Geburt und Tod, Aufblühen und Vergehen zu einer Ganzheit verschmolzen sind.

10. LILITH - SATURN

Lilith im Steinbock
Lilith im 10. Haus
Aspekte zwischen Lilith und Saturn
Aspekte zwischen Lilith und MC

Bei dieser Konstellation treffen zwei harte Kräfte aufeinander, die sich durch absolute Klarheit und Geradlinigkeit auszeichnen. Beiden ist der Hang eigen, im Alleingang bis hin zur absoluten Einsamkeit ihr Leben zu durchschreiten. Das schafft immense Kräfte und Eigenständigkeit, aber auch (potenziell) schmerzhafte Einsamkeit und depressive Phasen.

Hier sind keine Kompromisse möglich, sondern man zeichnet sich einen Weg vor, der ohne jegliche Abweichung eingeschlagen und bis zum bitteren Ende gegangen wird.

Gefühle und Herz stehen hinten an. Wichtig ist das ehrgeizige Ziel, ist das Prinzip, der Plan, was Saturn anbelangt.

Lilith ringt hier mit dem Oberpatriarchen, der aus Angst vor aller Irrationalität und den weiblichen Sümpfen zu Stein geworden ist und nun nicht daran vorbeikommen wird, sich mit dieser unfassbaren Kraft zu vereinen, aufzuweichen, durchgerüttelt zu werden, damit das aus Furcht erstarrte Lebensblut in ihm wieder zu fließen beginne und beide zusammen die alte Feindschaft begraben können, um gemeinsam - sie mit ihrer Lebendigkeit, die alles beinhaltet, und er mit seiner Fähigkeit, sich selbst Autorität zu sein und seine eigenen Gesetze zu schreiben, - jedes Ziel zu erreichen, das sie fest ins Auge gefasst haben.

Die allumfassende, gebende Seite der Lilith/Saturn-Persönlichkeit versorgt demnach mit der Fähigkeit zu kristallener

Klarheit, eingebunden in die fruchtbare Schöpferkraft der weiblichen Göttlichkeit, so dass überfließende Liebe und Fülle in eine Form gebracht und zu starre Festigkeit durch den Urquell des Lebens und des Todes aufgebrochen und bereichert wird.

Konkrete Förderungen der Lilith/Saturn-Persönlichkeit

- Sich mit ihrer Einsamkeit suchenden Seite anfreunden und sie als einen Teil ihres Wesens anerkennen, der sich dafür entschieden hat, seine langfristigen Lebensziele mit absoluter Zähigkeit und Kompromisslosigkeit, mit exzessivem Ehrgeiz sowie dem Einsatz aller Mittel zu verfolgen und zu erreichen

- Ihr Rückgrat mit Hilfe der Verbundenheit mit ihrer schwarzen weiblichen Urkraft aufbauen und stärken

- In ihre Lebensziele absolute Gleichberechtigung, Wahrheit und die Einheit mit ihrer ursprünglichen Weiblichkeit einschließen

- Die natürlichen Rhythmen des Daseins, in denen Leben und Tod vereint sind, zu ihrem obersten Gesetz, zu ihrer Richtung zu machen

- Einen so genannten unehrenhaften, "finsteren" Beruf ausüben. Mit Liliths Zielen und Kräften in der Öffentlichkeit stehen.

11. LILITH - URANUS

Lilith im Wassermann
Lilith im 11. Haus
Aspekte zwischen Lilith und Uranus

Hier gesellt sich zu dem extremen Ja oder Nein des schwarzen Mondes die Radikalität, Sprunghaftigkeit und kühle Distanz des Uranus. Es besteht daher die Tendenz, wie immer bei schwer zu vereinbarenden Kräften, entweder die Rolle des Abstands von jeglicher Emotionalität oder die der vor Gefühl und Verführungslust nur so überquellenden schwarzen Weiblichkeit zu spielen. Der verdrängte Anteil erscheint einem dann als Schreckensbild von außen. Uranus überkommt das große Zittern, wenn er sich mit der Urweiblichkeit konfrontiert sieht. Er erinnert sich schwach an die letzte Zusammenkunft mit diesem Geschlecht, das ihn seines besten Stückes beraubte. Die Angst vor der Bindung (Uranus) und die Forderung nach sehr lebendigem, absolutem Austausch auf allen Ebenen (Lilith) bringen eine starke Spannung mit sich. Davonflattern und schlürfendes Einverleiben kämpfen gegeneinander und können nur einen gemeinsamen Sieg davontragen, wenn sie sich an dem Punkt treffen, an dem sie einer Meinung sind: dem Kampf nach Gleichberechtigung, Emanzipation und Freiheit, nach Abwendung von den üblichen Lebensstrickmustern.

Die Konstellation symbolisiert daher die vollkommene Abkehr von aller Normalität, von jeglichem Althergekommenen, von der Gewöhnlichkeit.

Es wird mit aller Kraft nach neuen Wegen gesucht, um den üblichen Erwartungen den Rücken zu kehren, sich abzuwenden von der obligatorischen Ausführung des

Daseins.

Im Mittelpunkt steht dabei der unsägliche Drang nach Unabhängigkeit. Das Verlangen danach ist die Schnittstelle, an der sich diese beiden gegensätzlichen Energien treffen und damit auch aussöhnen können.

Die alles umfassende, gebende Seite der Lilith/Uranus-Persönlichkeit gibt demnach Anreiz und Antrieb, ja zwingt fast dazu, zu springen ins ungewiss erscheinende Land der weichen, fruchtbaren, saftigen Wiesen in der Dämmerung des Tages, die eben diesen bald zur Nacht werden lassen wird, in unbekannte Höhen und Tiefen ohne Netz, ohne dass da jemand wäre, der einem auffängt und der aufgefangen werden könnte.

Konkrete Förderungen der Lilith/Uranus-Persönlichkeit

- Ihre Aversion gegen Gewöhnlichkeit im Lilith/Uranus-Bereich erkennen, akzeptieren und in eine aktive Ausdrucksform bringen

- Sich fernab jeder normalen Familienform und Art der Mütterlichkeit bewegen

- Gegen konventionelle Erwartungen als Frau rebellieren

- Absolute Gleichberechtigung zwischen den Geschlechtern fordern und zuerst in sich selbst verwirklichen

- Aus zu artigen Gefühlsverbindungen ausbrechen

- Mit aller Radikalität und allen Mitteln ohne

Rücksicht auf Verluste für ihre Unabhängigkeit
kämpfen und einstehen

- Plötzliche und extreme Schritte im Leben zulassen

- In die Urwälder und Urquellen des Lebens springen

- Vision von der Wiederherstellung der Verbindung
  des Menschen mit den Rhythmen und Zyklen der
  Natur, mit der Urweiblichkeit entwickeln und dafür
  einstehen.

12. LILITH - NEPTUN

Lilith in den Fischen
Lilith im 12. Haus
Aspekte zwischen Lilith und Neptun

Die Sehnsucht nach Auflösung und Verschmelzung wird
hier verbunden mit der Lust nach Verführung und Einver-
leibung. Gerne streitet man ab, wirklich den anderen mit
seinen Annäherungen und seiner unbewussten Ausstrahlung anziehen und umschlingen zu wollen, dennoch tut
man es.
Das Bedürfnis, zusammen hinab zu tauchen, sich gegenseitig hinab zu ziehen in die dunklen Schluchten und Abgründe, ist höchst ausgeprägt. Findet sich kein Partner dafür, müssen hilfsweise Drogen diesen Dienst tun, oder man
versenkt sich in tiefe Meditation oder flieht in Phantasien
über die ewige Liebe. Die tragischen Abwendungen und

Trennungen, die Lilith fordert, werden manchmal ignoriert und aus den Träumen ausgeschlossen. Ein Grundfehler, der durch äußere Abwendungen ausgeglichen werden muss.

Die Lust nach gefühlsmäßiger Verstrickung, die in eine zeitlose, unberührbare Vereinigung mündet, ist immens und muss schon sehr bewusst angestrebt werden, wenn sie zur Wirklichkeit werden soll.

Ein zartes Engelchen begegnet ihrer dunklen Schattenseite. Es ist etwas erschrocken, aber lässt sich ein, wehrt sich nicht, sinkt mit hinab und beginnt sich mit den finsteren Neuerungen ihrer Seele langsam anzufreunden, mit ihr zu verfließen.

Daraus entsteht eine Mischung aus Heiliger und Hure, die gleichberechtigt nebeneinander bestehen können müssen, die gleiche Rechte genießen im Wesen dieses Menschen.

Konkrete Förderungen der Lilith/Neptun-Persönlichkeit

- Ihre schwarzen Phantasien zulassen und ein klares, bewusstes Ausdrucksmittel dafür finden, z. B. Kunst.

- Sich ihre subtile Verführungsart eingestehen oder sie sogar bewusst zum Einsatz bringen

- Sich nicht als zartes Unschuldslamm empfinden, sondern auch die innere Dunkelheit mit einbeziehen

- D.h., gleiche Rechte für die Heilige und die Hure in sich einräumen.

Es ist wesentlich, sich daran zu erinnern, dass diese Interpretationen und Empfehlungen für Frauen und Männer mit diesen Konstellationen gelten. Sonst besteht die Gefahr, die schwarze Mondgöttin in meist recht unliebsamer Form von außen präsentiert zu bekommen. In unser Leben Eintritt finden wird sie so oder so.

ÜBUNGEN A

1. Interpretieren Sie folgende Konstellationen:

a. Lilith im Widder im 7. Haus.

b. Lilith im Stier im 4. Haus.

c. Lilith in den Zwillingen im 8. Haus.

d. Lilith im Krebs im 11. Haus

e. Lilith im Löwen im 2. Haus.

f. Lilith in der Jungfrau im 3. Haus.

g. Lilith in der Waage im 12. Haus.

h. Lilith im Skorpion im 10. Haus.

i. Lilith im Schützen im 6. Haus.

j. Lilith im Steinbock im 7. Haus.

k. Lilith im Wassermann im 9. Haus.

l. Lilith in den Fischen im 5. Haus

Noch eine Bemerkung zum Thema Lilith:

Außer dem hier erläuterten Schwarzen Mond (= der zweite Brennpunkt der Mondellipse; der erste Brennpunkt ist die Erde; d.h. er ist kein Planet, sondern ein sensitiver Punkt, wie es z. B. auch der Mondknoten darstellt; Umlaufzeit sind 3232 Tage, also es dauert ungefähr 9 Jahre, bis Lilith den Tierkreis durchlaufen hat) geht man außerdem von einem Dunklen Mond aus, einem zweiten Erdtrabanten, der ebenfalls den Namen Lilith erhielt. Zuletzt existiert noch ein kleiner Asteroid, den man Lilith nennt (Angaben zu seiner Bedeutung sowie seine Ephemeriden befinden sich in dem Buch über Asteroiden von Demetra George).

4. CERES – SYMBOL DER MUTTER UND FRUCHTBARKEIT ⚵

Ceres, als weitere genauere Differenzierung der Weiblichkeit, stellt die Göttin der Fruchtbarkeit dar. Sie lebte lange Zeit in Glück mit ihrer Tochter Persephone vereint, die sie ganz für sich haben wollte und daher von Männerbekanntschaften fernhielt. In dieser Zeit erblühte das Land und es herrschte das goldene Zeitalter.

Da Ceres (Demeter bei den Griechen) den Wandel von Werden und Vergehen ignorierte und verdrängte, trat Pluto auf den Plan, raubte Persephone und machte dem ewig geplanten (einseitigen) Glück ein Ende.

Ceres' Trauer und Wut brachte Unfruchtbarkeit über das Land. Die Götter mussten befürchten, dass das Volk aussterbe und damit auch die Ehrerbietung und Opferhandlungen für sie ein Ende haben würden.

So handelten sie mit Pluto den Kompromiss aus, dass Persephone die Hälfte des Jahres in der Unterwelt bei ihrem Gatten verbrachte und die andere Hälfte des Jahres auf der Erde bei ihrer Mutter war. Ihr Erscheinen auf der Oberwelt brachten Frühjahrserwachen, Blüte und Gedeihen mit sich, während nach der Ernte im Herbst ihr Abgang zurück zu Pluto das Ende jeder Fruchtbarkeit bedeutete.

Ceres steht damit für Fürsorge und Fruchtbarkeit, aber, als Lernprozess, auch für Sich-Lösen, für das Loslassen des Hervorgebrachten, für den Kreislauf des Erwachens, Blühens und Sterbens.

Fruchtbarkeit beinhaltet stets auch den Tod dessen, woraus

es erwächst. Eine sich entfaltende Blume bedeutet den Tod des Samens, das Erzeugen und Weitergeben von Samen den Tod der Blume bzw. Teile von ihr. Eine Geburt, ein Anfang ist nicht ohne ein Ende der alten Form möglich. Das Aufrechterhalten dessen, was man genießt und für schön hält, ohne den Abschied desselben vor Augen zu haben und auch am besten zu gegebener Zeit selbst einzuleiten, ist in einer Welt, in der Gleichgewicht zum Grundgesetz zählt, nicht machbar.

So zeigt die Stellung von Ceres im Horoskop oder als Transit nicht nur die fürsorgliche, empfängliche, liebende Seite des Mondes, sondern auch, wo und wie wir das Geborene bei gegebener Zeit wieder loslassen müssen, um Raum für eine Neuschöpfung zu kreieren, um dem Gesetz des Anfangs und des darin eingeschlossenen Endes gerecht zu werden, wo wir sehen müssen, dass Fruchtbarkeit nur im Wandel von Leben und Tod möglich ist.

5. DIE 12 CERES-KONSTELLATIONEN

1. CERES - MARS

Ceres im Widder
Ceres im 1. Haus
Aspekte zwischen Ceres und Mars
Aspekte zwischen Ceres und AC

Bei dieser Konstellation heißt Fürsorge, für den anderen (wie auch sich selbst) zu kämpfen und ein hohes Maß an Aktivität an den Tag zu legen. Dem anderen zu helfen, seinen Weg zu finden und ungeachtet der Außenwelt durchzusetzen, wird von der Ceres/Mars-Persönlichkeit als Versorgen und Liebe betrachtet, einerseits sich selbst, andererseits den sie umgebenden Menschen gegenüber. Sie benötigt einen hohen Grad an Aktionsmöglichkeiten und eigenständigem Handeln. Auch Kinder werden zu kleinen Aktivisten, die zu kämpfen verstehen, erzogen. Hingabe und Empfänglichkeit fällt schwer und ist vielleicht erst nach einer gelungenen Streit- und Kampfesschlacht möglich.

Die Ceres/Mars-Persönlichkeit ist in der Lage, sehr mutig, kurz entschlossen und direkt insbesondere emotionale Verbindungen zu beenden, wenn sie überdauert haben und der Wunsch nach einer Neugestaltung, nach neuen Erfahrungen wach wird. Sie hängt nicht lange nach, was nicht für Gefühllosigkeit, sondern die Impulsivität und Ehrlichkeit, das Bedürfnis nach Bewegung und Dynamik dieses Menschen spricht.

Konkrete Förderungen der Ceres/Mars-Persönlichkeit

- Aktivitäten und Initiativen starten im Bereich Fürsorge, Ernährung, Erziehung, Kinder, Landwirtschaft

- Als Frau: fürsorgliche Kraft auch in ihre Aktivitäten stecken, in Pilotprojekte und nicht nur ausschließlich in die Heim- und Mutterrolle; sich ihren Kampf gegen die konventionelle Weiblichkeit eingestehen

- Als Mann: seine Männlichkeit auch durch Weichheit, Umsorgen, Beschützen definieren, sich als gefühlvoller Mann sehen, der auch Bezug zu so genannten weiblichen Lebensaufgaben hat

- Dynamik, Sportsgeist und Tatkraft innerhalb der Familie und den Gefühlsverbindungen entwickeln

- Sich und andere durch sportliche, sexuelle und andere körperlichen Aktionen versorgen.

2. CERES - STIER-VENUS

Ceres im Stier
Ceres im 2. Haus
Aspekte zwischen Ceres und Venus

Diese Konstellation spricht für das Bemuttern durch

43

greifbare, materielle Werte. Bloße Liebeserklärungen reichen nicht aus. Man will etwas sehen, etwas in der Hand haben, um das Gefühl der Versorgung zu empfinden und dem anderen Geborgenheit zu vermitteln.

Auch sinnliche Genüsse tragen dazu bei, sich selbst und der Außenwelt emotionale Sicherheit zu vermitteln. Will man sich etwas geben, geht man z. B. gut essen oder einkaufen oder stockt seine Aktien- und Nahrungsvorräte auf.

Zu wissen, dass die geschaffenen Werte auch wieder losgelassen werden müssen, fällt der Ceres/Stier-Venus-Persönlichkeit sehr schwer. Dieser Wahrheit geht sie am liebsten so lange wie möglich aus dem Weg und hält an ihrem Hervorgebrachten fest. Sie will die gewohnte Sicherheit nicht aufgeben.

Bei dieser Konstellation kann durchaus die Gefahr bestehen, dass man einen Raub durch Pluto von außen anzieht, da das freiwillige Sich-Lösen nach der Blütezeit nur sehr ungern in Angriff genommen wird.

Konkrete Förderungen der Ceres/Stier-Venus-Persönlichkeit

- Sich und andere durch Aneignung von Eigentum und anderen materiellen Werten versorgen

- Sich und anderen durch Sinnlichkeit und Genussfreuden Geborgenheit vermitteln

- Ausgeprägte Vorratshaltung, insbesondere im Nahrungsmittelbereich

- Lernen, zu erkennen, wann an Verbindungen festgehalten wird, die nicht mehr der Persönlichkeit entsprechen, die für eine neue Fruchtbarkeit weichen müssen, und diese dann freiwillig loslassen

- Sich auch mit Hilfe ihrer weiblich-mütterlichen Fähigkeiten und Eigenschaften Selbstwert verschaffen und sich abgrenzen.

3. CERES - ZWILLINGE-MERKUR

Ceres in den Zwillingen
Ceres im 3. Haus
Aspekte zwischen Ceres und Merkur

Mit dieser Konstellation findet die gefühlsmäßige Versorgung von sich und der Außenwelt durch geistige Nahrung und genügend Austausch und Kommunikation statt. Man fühlt sich innerlich aufgebaut, wenn man sich einen großen Wissensschatz zulegt und seine Kenntnisse auch wieder weitergeben kann.

Geistige Beweglichkeit, emsige Kontakte und Gespräche sind wesentlich, um eine innere Basis aufzubauen und seinem Bedürfnis, auch seine Mitmenschen mit Information und geistiger Anregung zu umsorgen, nachgeben zu können.

Aufgrund der hohen Flexibilität der Ceres/Merkur-Persönlichkeit ist die Fähigkeit des Loslassens, z. B. von schriftstellerischen Werken, Ideen, Wissen, aber auch emotionalen Bindungen recht einfach und wird durch den geistigen Abstand noch leichter gemacht.

Konkrete Förderungen der Ceres/Zwillinge-Merkur-Persönlichkeit

- Ihre Gefühle in Worte fassen, in Wort und Schrift zum Ausdruck bringen

- Mit Wissen, geistiger Kraft, Reden und Zuhören andere versorgen

- Sich selbst mit Informationen und guten Gesprächspartnern umgeben

- Sich mit Hilfe von Wissen und geistiger Auseinandersetzung, von Gesprächen und dem Aufschreiben von Gedanken von ihren geschaffenen Werken lösen

- Geistigen Abstand zu ihren Gefühlen herstellen

- Ihr fürsorgliches Wesen in ihr Gesprächsverhalten und ihre verbalen Kontakte einfließen lassen.

4. CERES - MOND

Ceres im Krebs
Ceres im 4. Haus
Aspekte zwischen Ceres und Mond
Aspekte zwischen Ceres und IC

Diese Konstellation symbolisiert Mütterlichkeit und Emotionalität par excellence. Sie steht für ein hohes Maß an Empfänglichkeit und Offenheit für Mutterschaft und Familie. Das Bedürfnis, seine Fürsorge einzubringen und sich um andere zu kümmern, ist sehr ausgeprägt, desgleichen die Fähigkeit, Geborgenheit und gefühlsmäßige Sicherheit zu schenken.

Die Bindung an die Mutter und/oder Kinder, die Heimat und die eng vertraute Umgebung ist eng und es fällt schwer, sich zu trennen und Abschied zu nehmen, wenn die Zeit des Erwachsenwerdens gekommen ist. Das gilt für die Trennung von der Herkunftsfamilie und später von den eigenen Kindern.

Die Abgrenzung und ein emotionales Eigenleben müssen bewusst angestrebt werden, um in sich eine sichere, verlässliche Basis der Wärme und Selbstversorgung herauszubilden, von der aus wesentlich erwachsener mit Gefühlen und emotionalen Bindungen umgegangen werden kann.

Die liebevolle Fürsorge für sich beinhaltet auch die Möglichkeit, seine Mitmenschen mit Gefühl und Zuwendung zu verwöhnen.

Ist es dann an der Zeit, sich zu lösen, besteht eine eigene innere Plattform, auf die man sich zurückziehen kann und alleine lebensfähig ist, auf der der Abschiedsschmerz leichter verwunden werden kann.

Konkrete Förderungen der Ceres/Mond-Persönlichkeit

- Sich ein weiches, gemütliches Heim schaffen, in das sie sich zurückziehen kann und sich geborgen fühlt

- In der gleichen Weise ihr Umfeld mit Verständnis, Gefühl, Essen, einer familiären Umgebung, in der man sich fallen lassen und erholen kann, versorgen

- Alte, zu feste Bindungen, die nicht mehr dem realen Erwachsenen- und Entwicklungsstand entsprechen, zu Mutter, Heimat, Familie, Kindern langsam lösen

- Ihren inneren Schatz in ihrer Mütterlichkeit, ihrer Fürsorge erkennen und bewusst entfalten.

5. CERES - SONNE

Ceres im Löwen
Ceres im 5. Haus
Aspekte zwischen Ceres und Sonne

Hier versorgt man sich und andere, indem man sich so kreativ und künstlerisch wie möglich betätigt. Es besteht das starke Bedürfnis, die innewohnende Einmaligkeit nach außen zu kehren und in einem schöpferischen Akt zum Ausdruck zu bringen.
Fürsorge heißt hier, sich und seine Mitmenschen darin zu

unterstützen, die einzigartigen Qualitäten und Eigenschaften an die Oberfläche zu bringen und damit einen gesunden Grundstock für ein reales Selbstbewusstsein und souveränes Auftreten aufzubauen.

Zuwendung wird damit gleichgesetzt, jemanden in seiner Besonderheit zu fördern und in der Entfaltung seiner wirklichen Persönlichkeit anzuregen. Auch hängt das Selbstbewusstsein damit zusammen, dass man seinen nährenden, versorgenden Teil in sich entwickelt und zu einem wesentlichen Teil seiner Individualität werden lässt. Es besteht die Fähigkeit, sich in eigenständiger Weise emotional selbst zu sättigen und zu umsorgen. Vielleicht möchte man auch ein selbständiges Unternehmen im Bereich Kinder, Erziehung, Ernährung, Lebensmittel, Fürsorge aufbauen. Und/oder man ist bereit, sich in besonders liebevoller Weise um die Menschen in einem eigenen Unternehmen zu kümmern.

Ablösungen von dem Geschaffenen, den hervorgebrachten Werken können dann erleichtert sein, wenn Eigenständigkeit und Selbstbewusstsein durch reale Selbstentfaltung schon hoch genug sind. Oft reicht auch der Stolz auf das Erbrachte, um sich aufzubauen, und dann kann leichter Abschied genommen werden.

Konkrete Förderungen der Ceres/Sonne-Persönlichkeit

-   Sich und andere durch die Möglichkeit zu kreativem Selbstausdruck versorgen

-   Ihr Selbstbewusstsein auf die Fähigkeiten zu Gefühl, Fürsorge und Empfänglichkeit aufbauen

-   Anforderungen von Familie und Gefühlswelt

einerseits und ihrem Drang nach Selbstentfaltung andererseits in gleichberechtigte Verbindung bringen

- Kinder zu Eigenständigkeit erziehen und sie in ihrer Besonderheit stärken

- Ein Unternehmen in den Bereichen Kinder, Erziehung, Lebensmittel, Ernährung, Versorgung

- Ihren Gefühlen in Kunst und Kreativität Ausdruck verleihen

- Ihre schöpferischen Werke bereitwillig loslassen können, wenn die Zeit dafür reif ist.

6. CERES - JUNGFRAU-MERKUR

Ceres in der Jungfrau
Ceres im 6. Haus
Aspekte zwischen Ceres und Merkur

Hier heißt Versorgung, zu dienen, sich im Alltag nützlich zu machen und konkrete Arbeit zu leisten. Es heißt, Vernunft walten zu lassen und die Anforderungen und Notwendigkeiten des Lebens über die eigenen Belange zu stellen.

Es muss inneres Gefühl mit dem rationellen Denken der Jungfrau verbunden werden. Die Fürsorge muss einen klaren Nutzen bringen oder als Arbeitsfeld gewählt werden.

Es besteht ein ausgeprägtes Bedürfnis, seine Dienstbarkeit mit emotionalem Engagement, aus seiner Seele und seinem Gefühl heraus zu leben. Das nackte Verwertungsdenken und der Perfektionismus werden durch die Emotionalität und das verständnisvolle, nährende Wesen der Ceres belebt und in Bezug zur Innerlichkeit gebracht. Man fühlt sich geborgen und vermittelt innere Sicherheit durch seine Fähigkeit zur analytischen Betrachtung des Lebens und die Bereitschaft, ein hohes Arbeitspensum zu leisten. Ein weiterer wichtiger Faktor stellen der Wunsch nach Reinlichkeit und ein stark entwickeltes Gesundheitsbewusstsein dar. Beide Bereiche nehmen einen hohen Stellenwert ein, um sich innerlich zu stärken und eine feste emotionale Basis in sich und für andere aufzubauen.

Wird ein Loslöseprozess notwendig, so ist die Ceres/Jungfrau-Merkur-Persönlichkeit in der Lage, mit ihrer Vernunft und ihrer analytischen Kraft diesen zu erkennen und auch als Voraussetzung für eine neue innere Aufgeräumtheit zu akzeptieren und sich zu erarbeiten.

Konkrete Förderungen der Ceres/Jungfrau-Merkur-Persönlichkeit

- Ihre Fürsorge und Mütterlichkeit als Arbeitsfeld oder Dienst zum Einsatz bringen

- Vernunft und Alltagsbewältigung als Grundlage des Mutterseins oder Versorgens erkennen und auch so entwickeln

- Sich und andere durch analytische Fähigkeiten und die Fähigkeit der bestmöglichen Nutzung und Verwertung der Lebensumstände umsorgen

- Geborgenheit durch Sauberkeit und innere und äußere Aufgeräumtheit sich und anderen geben

- Gesundheitsbewusstsein und entsprechende Gesundheitsvorsorge als Möglichkeit der Stärkung der inneren Basis, der Entfaltung ihrer Mütterlichkeit betrachten und ausbauen

- Sich von Ergebnissen aus Arbeit und Analyseprozessen bei gegebener Zeit auch wieder bereitwillig lösen können.

7. CERES - WAAGE-VENUS

Ceres in der Waage
Ceres im 7. Haus
Aspekte zwischen Ceres und Venus
Aspekte zwischen Ceres und DC

Bei dieser Konstellation findet das mütterliche, nährende Element am besten in der Begegnung mit den Mitmenschen und vor allem dem Zusammensein mit dem Partner seinen Ausdruck. Die Partnerschaft stellt den Bereich dar, in dem man seine Fürsorge entwickeln und nach außen bringen kann, in dem man Geborgenheit und gefühlsmäßige Sicherheit geben und empfangen möchte. Man betrachtet eine Beziehung als Ort der Erholung, in der Innigkeit und Vertrautheit an erster Stelle stehen, und will sich durch den Partner umsorgt wissen.

Man stärkt sein inneres Wesen durch Harmonie und

Schaffung von Ausgleich und Gleichgewicht, durch ein friedliches, freundliches Miteinander und einen kultivierten Umgang.

Auch in seiner Erziehungsmethode und im allgemeinen Umgang mit Kindern wird die Fähigkeit zu harmonischer Verbindung und die Schlichtung von Uneinigkeit, ohne deshalb laut und aggressiv zu werden, in den Vordergrund gerückt.

Die enge gefühlsmäßige Bindung insbesondere zum Partner muss stets hinterfragt werden, muss auch Veränderungen unterliegen können, um nicht wie Ceres plötzlich von Pluto (außen) eine radikale Wandlung aufgezwungen zu bekommen, da man eine ewige Friede-Freude-Eierkuchen-Liebe gleichbleibend aufrechterhalten wollte. Der Lernprozess liegt darin, Innigkeit und Loslassen in einer Partnerschaft gleichermaßen zu erlauben und auch bewusst anzustreben.

Konkrete Förderungen der Ceres/Waage-Venus-Persönlichkeit

- Ihre mütterliche Seite in erster Linie in die Partnerschaft einbringen

- Sich eine heimelige, sehr gefühlvolle Beziehung aufbauen

- Fähigkeit zu Harmonie und Ausgleich als Grundstock für die innere Basis und Selbstversorgung erkennen und entwickeln

- "Das goldene Zeitalter" im Beziehungsleben freiwillig durch Veränderungen ab und zu in die

Realität zurückbringen oder zu wandeln, damit
wieder etwas Neues entstehen kann

- Sich innerlich stärken durch die Umsetzung ihrer
  Form von Attraktivität, Schönheit und Harmonie.

8. CERES - PLUTO

Ceres im Skorpion
Ceres im 8. Haus
Aspekte zwischen Ceres und Pluto

Hier kommt mit der Fürsorge gleichzeitig das Phänomen
der Bindung und Ausschließlichkeit ins Spiel. Man gibt,
um den anderen fest an sich zu binden; man erhält, um
dadurch an den Geber gebunden zu werden. Dieses Spiel
stellt eine wesentliche Variante dieser Konstellation dar.
    Die Heilung liegt im inneren Zusammenwachsen, hier
des Gebenden und Nehmenden, d.h. es geht darum, vollkommene Selbstversorgung zu lernen. Erst wenn die inneren dunklen Stellen und blinden Flecke eigenständig auf-
gefüllt sind, wird die Bindungsstrategie, nach der an jeder
versorgenden Geste ein Preisschild hängt, überflüssig.
    Umsorgung und Mütterlichkeit stellen Themenbereiche
dar, über die man sich tief kennenlernen und durch Wiederverbindung mit verdrängten Inhalten selbst heilen kann.
Bis dahin können Manipulation und Dominanz mit dem
versorgenden Element einhergehen. Dies betrifft vor allem
den Umgang mit Kindern und Familie.
    Hier wird es besonders dringlich, seine Spinnenfäden zu

erkennen und sie bei gegebener Zeit wieder von den Eingesponnenen (emotional Vertraute, Kinder, Familie) abzulösen und diese ziehen zu lassen. Ein Abschied, der hier sehr schwer fällt und auch oft durch subtile Einflussnahme versucht wird, zu umgehen. Doch je stärker die Gefühlsbindung aufrechterhalten wird, die eigentlich gelöst werden sollte, umso mehr wird ein Gegendruck von außen provoziert. Die Ablösung muss unfreiwillig eingeleitet werden. Pluto kommt von außen.

Es kostet viel Mut, trotz des Wissens um die Notwendigkeit von Veränderungen sich auf die Intensität der Gefühlsverbundenheit und Mütterlichkeit, die diese Konstellation verlangt und symbolisiert, einzulassen.

Konkrete Förderungen der Ceres/Pluto-Persönlichkeit

- Sich auf tiefgehende emotionale Bindungen einlassen

- Wandlungen durch das totale Leben ihrer Mütterlichkeit

- Ihre Bindungsgelüste durch das Geben von Fürsorge erkennen und beginnen, sich zuerst selbst vollkommen zu sättigen, bevor man auf andere emotional "losgeht"

- Machtspiele im mütterlich-fürsorglichen Bereich durchschauen und durch die Erringung von Macht über sich selbst langsam auflösen und überflüssig machen

- Selbstzerstörerische   Bindungen   an

Mutter/Heimat/Familie oder Kinder aufdecken und durch eine intensive Bindung zu und Versorgung von sich selbst langfristig ersetzen

- Sich versorgt fühlen durch tiefgehende Erforschung und Wiedereingliederung von verdrängten Inhalten.

9. CERES - JUPITER

Ceres im Schützen
Ceres im 9. Haus
Aspekte zwischen Ceres und Jupiter

Bei dieser Konstellation möchte man mit seinen Erkenntnissen und Einsichten, mit seiner Weisheit umsorgen. Man nährt sich und andere am besten durch Weiterbildung und Bewusstseinserweiterung oder erfährt und lebt seine Mütterlichkeit z. B. im Ausland oder im religiösen Bereich.

Fürsorge heißt Verbreitung von Zuversicht, Lebensfreude und Erfüllung sowie einer sehr positiven Grundhaltung dem Leben gegenüber. Man hilft anderen, indem man sich gemeinsam auf die Suche nach dem Sinn des Lebens, nach den Hintergründen bestimmter Ereignisse und deren Bedeutung macht.

Die Ceres/Jupiter-Persönlichkeit könnte sich als Geistlicher oder spiritueller Führer betätigen, um andere auf ihren Weg zu mehr Sinn und Rückverbindung zu einer größeren Einheit zu verhelfen. Zudem fühlt sie sich heimisch und geborgen in einer Umgebung, in der nach geistiger

Erweiterung, nach Weiterbildung und Expansion gestrebt wird. Sie sucht und bietet geistige Nahrung, Inspiration und Möglichkeiten zum Wachstum des Bewusstseins. Dabei sollte sie immer beide Seiten des Lebens als gleichrangige und selbstverständliche Einheit mit einbeziehen. Jedem Anfang wohnt das Ende inne, könnte eine wichtige Erkenntnis und Lebensphilosophie von ihr sein.

Konkrete Förderungen der Ceres/Jupiter-Persönlichkeit

- Ihre nährende Ader durch Bildung, Einsicht, eigene Weisheit und Bewusstseinserweiterung entwickeln und zum Ausdruck bringen

- Andere versorgen durch Zuversicht und die Begleitung auf der Suche nach dem Sinn des Lebens

- Auslandsaktionen starten im Bereich Kinder, Erziehung, Heim, Ernährung

- Ihren Lebenssinn und ihre Erfüllung auch in der Umsorgung und Bemutterung betrachten

- Sich mit Hilfe von Einsicht und dem Bedürfnis nach Weiterentwicklung auf Wandlungen, auf die Verabschiedung des Hervorgebrachten einstellen und diese bewältigen
- Geistige Mutter sein

- Sich nicht zu fest an religiöse und philosophische Sichtweisen klammern, sondern Raum für Wandlungen lassen.

10. CERES - SATURN

Ceres im Steinbock
Ceres im 10. Haus
Aspekte zwischen Ceres und Saturn
Aspekte zwischen Ceres und MC

Bei dieser Konstellation wird Versorgung mit Leistung, Verantwortung und Zuverlässigkeit gleichgesetzt. Das Einhalten von Zusagen, der Aufbau von dauerhafter Stabilität zählen mehr als reine Emotionalität.

Man fühlt sich gefühlsmäßig sicher und schenkt auch anderen Geborgenheit durch klare Zielsetzungen und Pläne sowie deren realistische, ehrgeizige Umsetzung, durch Aufbietung von Geduld, Ausdauer und Selbstdisziplin.

Vielleicht lässt man seine mütterliche Seite auch in einen entsprechenden Beruf einfließen, kümmert sich also in diesem Bereich um Kinder, Pflege- und Hilfsbedürftige oder um das Gebiet Ernährung und Lebensmittel.

Die Ceres/Saturn-Persönlichkeit muss sich Zeit lassen, bis sie jemandem gefühlsmäßig vertraut und beginnt, sich auf dessen Zuwendung und emotionale Fürsorge zu verlassen. Voraussetzung für das Zulassen der äußeren Versorgung ist die vorherige innere Heilung von Wunden der Ablehnung und Zurückweisung, die als äußere Zeichen und Symbole fungierten für den mangelhaften Kontakt zwischen innerem Kind und innerer Mutter.

Es fällt schwer, Gefühlsverbindungen zu lösen, da sie wesentlicher Bestandteil der inneren Festigkeit und Stabilität sind. Allerdings wird gerade diese Fähigkeit von der Konstellation abverlangt.

Konkrete Förderungen der Ceres/Saturn-Persönlichkeit

- Ihre nährende Mütterlichkeit mit der Fähigkeit zu Verantwortung und Festigkeit definieren und entwickeln

- Kindern und der Familie Stütze und Halt sein, nachdem sie gelernt hat, eine feste innere Basis aufzubauen mit Hilfe von Planung und Realisierung ihrer Lebensziele

- Die selbstverantwortliche Mutter, die lernen muss, auf Zuwendung von außen zu vertrauen (als Folge des Aufbaus von Vertrauen in sich selbst), d.h. auch Kind/Empfängerin von Fürsorge und Gefühl zu sein

- Das nährende Element ihres Wesens in einen entsprechenden Beruf einbringen, d.h. sich beruflich um andere emotional kümmern oder Tätigkeiten im Bereich Ernährung, Lebensmittel, Kinder, Erziehung ausüben

- Unterstützung anderer im Aufbau ihres eigenen Rückgrats
- Bereitschaft zu (konstruktiver) Einsamkeit, wenn Gefühlsbeziehungen überholt sind und eine Trennung unumgänglich ist.

11. CERES - URANUS

Ceres im Wassermann
Ceres im 11. Haus
Aspekte zwischen Ceres und Uranus

Hier versorgt man sich und andere durch das Gewähren von Freiheit, Ausbruchsmöglichkeiten und die Entwicklung seiner Visionen.

Man kann seinen eigenwilligen, unkonventionellen Geist durch neue Ideen zum Thema Mütterlichkeit, Kindererziehung und Familienstruktur zum Ausdruck bringen. Es bestehen starke Emanzipationsbestrebungen gegenüber den traditionellen Erwartungen in Bezug auf Heim und Familienleben.

Zuwendung drückt sich aus durch Abstand und Distanz, durch die Bereitschaft, innerhalb einer Gefühlsbeziehung, insbesondere zu Kindern und Familie, dem anderen ein hohes Maß an Unabhängigkeit zuzugestehen, ihn fast schon zur Rebellion anzuregen, wenn die Grenzen zu eng gesteckt wurden.

Die Ceres/Uranus-Persönlichkeit kann auch ganz verschiedene Gesichter der Mütterlichkeit entfalten und von daher nur schwer berechenbar und einzuordnen sein. Sie braucht Abwechslung in ihren häuslichen und familiären Gefilden, in ihrer Art, ihre Fürsorge zu zeigen.

Es muss ein Gleichgewicht hergestellt werden zwischen dem Wunsch nach Geborgenheit und gegenseitigem Umsorgen sowie dem Drang nach Freiheit und Distanz zu Gefühlen.

Aufgrund des Abstandes, den Uranus ermöglicht, fällt es hier recht einfach, sich plötzlich von seinen emotionalen Bindungen, insbesondere wenn man sich zu eingesperrt und in Routine eingebunden fühlt, zu lösen.

Konkrete Förderungen der Ceres/Uranus-Persönlichkeit

- Sich von dem obligatorischen Mutter- und Familienbild befreien

- Eine unkonventionelle Art und Weise des Umgangs mit diesen Themen für sich finden

- Sich und andere durch sehr viel Freiraum versorgen sowie durch die Anregung, zu feste Lebensstrukturen zu sprengen und zu verlassen

- Ihre Mütterlichkeit in Form von Hilfsbereitschaft, Freundschaftlichkeit und Zusammengehörigkeitsgefühl umsetzen

- Ihre versorgende Energie in einem größeren Rahmen, einer Gruppe oder Gemeinschaft einfließen lassen

- Völlig neue Formen im Bereich von Ernährung, Lebensmitteln, Kindererziehung (er)finden

- Sich von zu engen emotionalen Bindungen freiwillig spontan lösen.

12. CERES - NEPTUN

Ceres in den Fischen
Ceres im 12. Haus
Aspekte zwischen Ceres und Neptun

Bei dieser Konstellation wird das Bedürfnis, seine mütterliche, nährende Seite zu entwickeln, auf einen größeren,
weit über die Familie und vertraute Menschen hinausge-
henden Kreis ausgedehnt. Man empfindet jeder leidenden,
schutz- und hilfebedürftigen Person gegenüber Mitgefühl
und möchte helfend zur Seite stehen. Der versorgende Teil
in sich lässt sich nicht festlegen und beschränken, sondern
fließt über, macht sich selbständig gegenüber jedem Kind,
jedem Menschen, der Betreuung und Zuwendung braucht.
Die Ceres/Neptun-Persönlichkeit sollte sich von allen
gewöhnlichen Erwartungshaltungen im Bereich Kinder,
Familie, Gefühle abwenden und eigene, für sie stimmigere,
alternative Formen entwickeln und verwirklichen.
Wie jede Neptunkonstellation beinhaltet auch diese
Träume und Sehnsüchte. Sie handeln hier vom Getragen-
werden, von der ewigen Versorgung durch eine höhere,
heilige Quelle. Es ist wesentlich, diese Sehnsucht als ein
Bedürfnis nach sich selbst bzw. der göttlichen Mutter in
sich zu erkennen und entsprechend zu stillen, d.h. jedes
Mal, wenn einem die unstillbar scheinende Sehnsucht nach
Geborgenheit, Wärme und Umhüllung überkommt, sofort
zu sehen, dass dieses schmerzhafte Verlangen in Wirklichkeit immer an die eigene göttliche Mütterlichkeit zu verstehen ist. Man will von sich selbst endlich in seinen Bedürfnissen nach Schutz und Zuwendung ernst genommen und
umsorgt werden.
Der Loslöseprozess von emotionalen Bindungen ist

nicht einfach, da das Verschmelzungsbedürfnis so stark ausgeprägt ist. Als beste Hilfsmittel eignen sich dafür soziales Engagement, künstlerisches Schaffen oder Meditation.

Konkrete Förderungen der Ceres/Neptun-Persönlichkeit

- Sich ein Ventil für ihre mütterlichen Kräfte im sozialen, helfenden, heilenden oder auch künstlerischen Bereich suchen

- Erkennen, dass ihre nährende Kraft weit über das übliche Feld der Familie und Kinder hinausgeht

- Sich von den konventionellen Auflagen bzgl. Familie und Kinder freisprechen

- Sich eine ungewöhnliche, abweichende Art der Kindererziehung und des Umgangs mit Gefühlen und Familie schaffen

- Sich selbst und andere mit Einfühlungsvermögen, intuitivem Erfassen und tiefem Mitgefühl behandeln

- Die unvernünftige, alternative Seite bei anderen ansprechen, anregen und fördern

- Zu lernen, nicht in Dauerverschmelzung mit der gefühlsmäßig verbundenen Sache oder Person, für die man sorgen möchte, zu verharren, sondern auch Phasen der inneren Versorgung zu leben, d.h. sich ablösen zu können

-   Die tiefe Sehnsucht nach Geborgenheit letztendlich in dem großen kosmischen Meer erkennen, durch das und in dem wir alle verbunden sind.

ÜBUNGEN B

1. Interpretieren Sie folgende Konstellationen:

a. Ceres im Widder im 5. Haus.

b. Ceres im Stier im 10. Haus.

c. Ceres in den Zwillingen im 6. Haus.

d. Ceres im Krebs im 12. Haus.

e. Ceres im Löwen im 2. Haus.

f. Ceres in der Jungfrau im 11. Haus.

g. Ceres in der Waage im 9. Haus.

h. Ceres im Skorpion im 3. Haus.

i. Ceres im Schützen im 1. Haus.

j. Ceres im Steinbock im 4. Haus.

k. Ceres im Wassermann im 7. Haus.

l. Ceres in den Fischen im 8. Haus.

6. PALLAS ATHENE – KAMPF, WEISHEIT UND KUNST ♀

Pallas Athene wurde aus der Stirn ihres Vaters Jupiter geboren. Er hatte aus Angst vor einem ihm vorhergesagten Konkurrenten dessen potenzielle Mutter, die Meeresgöttin Metis, verschlungen, als sie gerade mit Athene schwanger war. Auf diese Weise hatte er sich die Weisheit und Inspiration dieser Göttin einverleibt und gebar seine Tochter Athene selbst.

Damit ist der Übergang zum Patriachat besiegelt. Die Mutterschaft wird als zweitrangig erklärt, die männliche Seite des Wesens gewinnt die Übermacht.

Daraus entsteht eine streitbare, kämpferische Jungfrau zum Schutze Athens, eine Heilerin, Künstlerin und gleichzeitig leistungs- und berufsorientierte Frau.

Sie scheint amazonenhaft, verzichtet auf sexuelle Kontakte und weibliche Empfindsamkeit, um kreativ und insbesondere geistig schöpferisch tätig zu sein.

Sie fühlt sich mehr ihrem Vater/der Männlichkeit verbunden als dem weiblichen Teil ihrer selbst, was ihr Kraft und Anerkennung von Seiten des Vaters/der Männerschaft einbringt, aber die Wut der ursprünglichen Weiblichkeit (z. B. der Furien nach ihrer Entscheidung für Orest, der seine Mutter ermordet hatte) auf sich zieht, die sie jedoch zu besänftigen und zu verdrängen weiß.

Die Position der Pallas Athene im Horoskop zeigt auf, wo und wie man mit Weisheit und Strategie kämpft und beschützt (die streitbare Frau in beiden Geschlechtern;

Pallas Athene war die Schutzherrin der Stadt Athen), seine Heil- und künstlerischen Kräfte entwickelt und einen inneren Kampf zwischen Weiblichkeit und Männlichkeit ausficht, der letztendlich zugunsten der männlichen ausfällt.

7. DIE 12 PALLAS ATHENE – KONSTELLATIONEN

1. PALLAS ATHENE - MARS

Pallas Athene im Widder
Pallas Athene im 1. Haus
Aspekte zwischen Pallas Athene und Mars
Aspekte zwischen Pallas Athene und AC

Bei dieser Konstellation werden die kriegerischen Züge der Athene hervorgehoben und ihre männliche Seite noch mehr verstärkt. Man kämpft mit impulsiver und mutiger Weise für das, was einem beschützenswert erscheint, für seine Form der "Stadt", der man sich verantwortlich fühlt. Die Weisheit und Eingebungen werden sofort aktiv umgesetzt und in einen schöpferischen Akt münden gelassen. Männer mit einer solchen Position projizieren diese innere Kriegsgöttin gerne auf die weibliche Außenwelt und werden zu Memmen vor deren Schwert, bis sie diese Kräfte als eigene wiedererkennen, in sich zurücknehmen und selbst als aktive Weiblichkeit und Intelligenz zum Ausdruck bringen. Frauen mit einer solchen Stellung im Horoskop identifizieren sich stark mit der kämpferischen und klugen Seite in ihrem Inneren, was ihnen Kampfgeist verleiht, bei übermäßiger Betonung jedoch auch den Zugang zu ihrem empfindsamen, empfänglichen Teil versperren oder zumindest erschweren kann.

Konkrete Förderungen der Pallas Athene/Mars-

Persönlichkeit

- Ihre Erkenntnisse und schöpferische Geisteskraft
  direkt in die Tat umsetzen und sie als Ausgangsbasis für ihre kriegerische Seite sehen

- Sich als kämpferische, nicht auf die Sexualität mit
  den Männern angewiesene Frau erkennen / diese
  Art Weiblichkeit in sich als Mann erkennen

- Ihre heilende Seite durch Körperarbeit und Körpertherapien entdecken und entwickeln

- Ihren künstlerischen Anteil durch Tätigkeiten abdecken, die viel Körperkraft benötigen oder in denen impulsive Umsetzung und Pionierarbeit möglich sind

- Politischer/gesellschaftlicher Kampf durch direkte
  Aktionen und Pilotprojekte, durch das Ergreifen
  von kämpferischen Initiativen.

2. PALLAS ATHENE - STIER-VENUS

Pallas Athene im Stier
Pallas Athene im 2. Haus
Aspekte zwischen Pallas Athene und Venus

Bei dieser Konstellation werden die Sicherheit und der Schutz der Stadt-/Staatsmauern (auch der persönlichen Grenzen) in den Vordergrund gerückt. Gekämpft wird zum Erhalt von Reichtum und materieller Versorgung und um seine sinnlichen Genüsse leben zu können. Kriegerische Handlungen dienen der Abgrenzung und der Bewahrung des errungenen Eigentums auf welcher Ebene auch immer. Die aktive Kriegsgöttin zeigt sich hier sehr sinnlich und auf körperliche oder kulinarische Verwöhnung erpicht. Sie will sich weniger verausgaben, als in ihrer Bequemlichkeit und ihrem Trägheitsmoment verharren und den Gelüsten des Lebens frönen.

Sie versteht es, geistige Weisheit und ihre klare Erdverbundenheit miteinander zu verbinden, so dass sich die Geisteskraft in konkreten, greifbaren Formen materialisieren kann.

Auf gesellschaftlicher Ebene könnte der Kampf um mehr Naturverbundenheit und Einheit mit der mütterlichen Kraft der Erde ein wesentlicher Punkt für ihren Kampfgeist darstellen.

Konkrete Förderungen der Pallas Athene/Stier-Venus-Persönlichkeit

- Ihre Einsichten und Weisheiten in die irdischen, materiellen Gefilde einfließen lassen, z. B. im kunsthandwerklichen Bereich oder um damit Geld zu verdienen

- Ihre heilenden Kräfte durch eine tiefe Erdverbundenheit entfalten und zum Einsatz bringen

- Ihre kämpferische Seite für ihre Abgrenzung sowie Errichtung und Erhalt ihrer Sicherheit nutzen

- Den männlichen Kampfgeist mit ihrer weiblichen, erdverbundenen, sinnlichen Wesensseite in Einklang bringen.

3. PALLAS ATHENE - ZWILLINGE-MERKUR

Pallas Athene in den Zwillingen
Pallas Athene im 3. Haus
Aspekte zwischen Pallas Athene und Merkur

Die Erkenntnisse und Einsichten beruhen bei dieser Konstellation auf der Ansammlung von Wissen und Informationen, auf dem verbalen Austausch mit seiner Umgebung. Die kämpferische Kraft braucht ein Ventil auf der geistigen und kommunikativen Ebene. Man möchte mit Worten streiten und durch sprachliche und geistige Fähigkeiten den anderen bekriegen.

Auch innerhalb von Staat und Gesellschaft besteht das Bedürfnis, durch Wort und Schrift Veränderungen herbeizuführen und sich für die Gemeinschaft einzusetzen. Die Heilkräfte der Pallas Athene/Merkur-Persönlichkeit liegen in gleicher Weise im Bereich des Geistes und der Sprache. Sie lernt und lehrt Heilmethoden auf intellektuellem Wege und setzt Worte als Möglichkeit des Heilens, des Wiederganzwerdens ein (Art des Redens; Zuhören können; Gesprächstherapie; Poesie- und Bibliotherapie). Ebenso förderlich sind Heilmethoden mit Hilfe des Atems.

Im künstlerischen Bereich kann sie sich der Worte bedienen, um ihre Persönlichkeit zum Ausdruck zu bringen, sei es durch Dichten, Erzählungen oder sachliche Vermittlung ihres Wissens, ihrer Weisheit und ihrer Eingebungen.

Konkrete Förderungen der Pallas Athene/Zwillinge-Merkur-Persönlichkeit

- Mit Worten, Wissen und geistiger Kraft kämpfen und streiten

- Ihre Weisheit durch Ansammlung von Wissen und durch Lernen und Lehren entwickeln und entfalten

- Heilmethoden durch Worte, Schrift oder mit Hilfe des Atems aus ihrer inneren Quelle bewusst werden lassen oder von außen übernehmen und anwenden

- Worte und Gedanken für ihren künstlerischen Ausdruck einsetzen

- Sich gesellschaftlich durch Artikel, Reden oder das Verfassen von Büchern darstellen und engagieren.

4. PALLAS ATHENE - MOND

Pallas Athene im Krebs
Pallas Athene im 4. Haus
Aspekte zwischen Pallas Athene und Mond
Aspekte zwischen Pallas Athene und IC

Hier wird Kampf mit Empfindsamkeit und Gefühl verbunden. Man wehrt sich aus dem Bauch heraus und trägt seine Konflikte von der Gefühlsebene her aus.
Familie, Heim, Kinder und Heimatland spornen am meisten dazu an, zu den Waffen zu greifen und die kriegerische Athene zum Ausdruck zu bringen, so wie jede andere tiefe gefühlsmäßige Verbundenheit. Die Konstellation kann jedoch auch den Kampf gegen Weiblichkeit und normale Familiengefühle bedeuten oder eine Kampfesgemeinschaft als Familie betrachten.
Die Pallas Athene/Mond-Persönlichkeit erhält ihre Erkenntnisse und Einsichten aus ihren inneren Eingeweiden heraus, ihren Gefühlen und ihrer Innenwelt. Sie kann sie nutzen zum Wohl von Familie, Kindern und Heimat in sich und in der Außenwelt.
Die künstlerische Seite kann entsprechend in den Mondthematiken (Wohnen, Architektur, Bauen, Ernährung, Kochen, Erholung, Entspannung) aktiviert und entfaltet werden.

Die heilenden Fähigkeiten sind ganz abgestimmt und konzentriert auf die Gefühlsebene des Menschen, auf seine Innenwelt, das innere Kind oder werden direkt in eine Form der (inneren oder äußeren) Familientherapie gebracht.

Konkrete Förderungen der Pallas Athene/Mond-Persönlichkeit

- Für Heimat, Familie, Kinder, Schutzbedürftige und ihre tiefen emotionalen Verbindungen kämpfen

- Gegen die gewöhnliche Art der Mütterlichkeit und Familiengestaltung angehen

- Aus dem Bauch heraus ihre kriegerische Energie entfalten

- Ihre Weisheit aus ihren inneren Erfahrungen und Empfindungen beziehen

- Mit Gefühl und im emotionalen Bereich ihre Heilkünste an die Oberfläche bringen

- Ihre künstlerische Kraft im Sektor von Bauen/Wohnen, Ernährung, Arbeit mit Kindern, Kochen, Gestaltung des Heimes, in der Heilung des inneren Kindes entwickeln.

5. PALLAS ATHENE - SONNE

Pallas Athene im Löwen
Pallas Athene im 5. Haus
Aspekte zwischen Pallas Athene und Sonne

Bei dieser Kombination wird ein hohes Maß an Kreativität und Selbstentfaltungswille mit den Eigenschaften der Pallas Athene in Verbindung gebracht. Es stärkt das Selbstbewusstsein, wenn man mit lautem und vor allem besonderem Gebrüll seine kämpferische Seite ausdrückt und sich mit einem ganz die Einzigartigkeit spiegelnden Banner der kriegerischen Auseinandersetzung stellt.

Die Pallas Athene/Sonne-Persönlichkeit kämpft für ihre Rechte als Individuum, engagiert sich für die Möglichkeit, die besonderen inneren Qualitäten sichtbar werden zu lassen und schöpferisch zu demonstrieren.

Die Weisheit und die Einsichten sollen die individuelle Persönlichkeit aufzeigen und auch wirklich nur aus der eigenen "Produktion" stammen. Sie sollen vorführen, dass hier ein einmaliger Mensch am Werk ist, der über seine höhere Geisteskraft diese Besonderheit präsentieren und für die Möglichkeit, diese vollkommen zu entfalten, kämpfen möchte.

Im künstlerischen Bereich eignet sich natürlich jede Art und Form, um die Individualität zu verwirklichen.

Heilsam wirken entsprechend auch alle Arten der Kunsttherapie und jede Methode, die den Spieltrieb anregt und dem Wunsch, sich in seiner gesamten Größe und Einzigartigkeit aufzurichten, gerecht wird.

Konkrete Förderungen der Pallas Athene/Sonne-Persön-
lichkeit

- Für die Möglichkeit zur absoluten Individualität
  kämpfen

- Ihr Selbstbewusstsein durch ihre Kampfes-, Heil-
  und künstlerische Kraft stärken

- Heilweisen wie Kunsttherapie oder spielerische
  Methoden (er)finden und anwenden

- Jede Form des künstlerischen Ausdrucks

- Über Kunst und Kreativität sich in der Gesellschaft
  einbringen und engagieren

- Ihre Besonderheit über ihre Erkenntnisse und
  Weisheiten darstellen.

6. PALLAS ATHENE - JUNGFRAU-MER-
KUR

Pallas Athene in der Jungfrau
Pallas Athene im 6. Haus
Aspekte zwischen Pallas Athene und Merkur

Diese Konstellation spricht für einen sehr strategischen, gut
durchdachten Kampfstil, der sich an den Anforderungen

und Notwendigkeiten des Alltags orientiert. Es wird mit klarer Ratio gestritten, mit einem genauen Blick auf die bestmögliche Verwertung der eingesetzten Energien.

Der Kampfgeist kann sich auch im Bereich der Arbeit, Arbeitsweisen, der Hierarchie zwischen Arbeitgeber und Arbeitnehmer abspielen.

Die Weisheit ist sehr eng an die Vernunft gekoppelt. Die Pallas Athene/Jungfrau-Merkur-Persönlichkeit möchte logische, wiederholbare Ergebnisse und Schlussforderungen erreichen und setzt dafür gewissenhaft ihren analytischen, exakten Geist ein.

Künstlerische Betätigungen müssen eine nützliche Seite beinhalten. Rein aus Spaß an der Freud wird hier nichts Kreatives geschaffen.

Das ausgeprägte Gesundheitsbewusstsein des Jungfrau-Merkurs wird intensiviert. Es eignen sich für den Heilungsprozess sämtliche Methoden der Reinigung und damit der Herstellung von dem Gefühl innerer und äußerer Sauberkeit und Aufgeräumtheit sowie eine tiefgehende Selbstanalyse.

Konkrete Förderungen der Pallas Athene/Jungfrau-Merkur-Persönlichkeit

- Kampf aus der Vernunft und Zweckorientierung heraus

- Strategische Kampfmethoden

- Kampf im Arbeits- und Gesundheitsbereich

- Verbindung von Kunst und Nützlichkeit

- Weisheit und Erkenntnis aus rationellen Überlegungen und analytischer Betrachtung heraus gewinnen

- Heilung mit Hilfe innerer und äußerer Reinigungsmethoden (Sauna, Fasten, Psychohygiene) sowie analytischer Methoden.

7. PALLAS ATHENE - WAAGE-VENUS

Pallas Athene in der Waage
Pallas Athene im 7. Haus
Aspekte zwischen Pallas Athene und Venus
Aspekte zwischen Pallas Athene und DC

Wenn hier gekämpft werden sollte, dann für den Frieden, die Versöhnung, die Wiederherstellung des Gleichgewichts. Ansonsten wird die Kampfeskraft der Pallas Athene natürlich stark abgeschwächt und in Richtung Kompromissbereitschaft und Vereinigung gelenkt.

Die Weisheit und Einsichten erlangt man bei dieser Konstellation durch zwischenmenschliche Kontakte und besonders innerhalb von Liebesbeziehungen, die man genauso gerne erobert wie auch wieder bekämpft.

Die Pallas Athene/Waage-Venus-Persönlichkeit lernt durch die Gemeinschaftlichkeit mit dem Partner oder anderen Bezugspersonen und kann so ihren Erkenntnisstand ständig erweitern.

Heilung heißt, ein inneres Gleichgewicht herzustellen

und sowohl in ihrem Inneren als auch in der Außenwelt Konfrontationen zu vermeiden und eine Versöhnung zwischen den einzelnen Parteien herbeizuführen.

Heilung heißt auch, ihre eigene Form des Schönheitssinns gefunden zu haben und sich damit anziehend zu fühlen.

Die künstlerischen Kräfte sind sehr ausgeprägt und umfassen insbesondere die feinen Künste und sehr kultivierte Kunstformen.

Innerhalb der Gesellschaft/Politik besitzt man ebenfalls die Fähigkeit, mildernd und ausgleichend einzugreifen und als schlichtende, Frieden suchende, diplomatische Persönlichkeit zu fungieren und zu wirken.

Konkrete Förderungen der Pallas Athene/Waage-Venus-Persönlichkeit

- Für Ausgleich, Frieden und Gerechtigkeit kämpfen

- Partnerschaften und andere Beziehungen nutzen, um zu Erkenntnissen und zu ihrer Weisheit zu gelangen

- Sich in der Gesellschaft/Politik für Diplomatie und Frieden engagieren

- Feine Künste

- Heilung durch Ausgleich schaffen, hauptsächlich zwischen ihren inneren Persönlichkeitsanteilen und damit auch deren Entsprechungen in der Außenwelt, oder durch Heilmethoden, die den Energieausgleich, das Gleichgewicht zwischen Yin und

Yang wiederherstellen (Shiatsu, T'ai Chi etc.).

- Für Kunst und Kultur kämpfen, für einen freundlichen Umgang miteinander, für ein harmonisches Zusammensein.

8. PALLAS ATHENE - PLUTO

Pallas Athene im Skorpion
Pallas Athene im 8. Haus
Aspekte zwischen Pallas Athene und Pluto

Hier kommt eine sehr kämpferische Kombination zustande, die mit Zähigkeit, Kompromisslosigkeit und jedem verfügbaren Mittel versucht, ihre Ideen und Wünsche zu erstreiten.

Die Pallas Athene/Pluto-Persönlichkeit geht den Dingen erbarmungslos und mutig auf den Grund, sowohl den Machenschaften in der Gesellschaft als auch den tiefen psychologischen Geschehnissen im eigenen Inneren und dem des anderen.

Heilung heißt für sie das Loslassen von Kontrolle und fixen Vorstellungen, heißt den Mut, in die inneren finsteren Gefilde hinab zu steigen und wertfrei anzunehmen, in die Arme zu schließen und ohne Unterschied wieder in ihr bewusstes Selbstbild aufzunehmen, was sich da zeigt, heißt Wiedervereinigung mit dem bisher im Kerker des Unbewussten Verbannten. Je mehr in sich selbst diese Tore in die innere versunkene Stadt geöffnet werden, umso mehr verstärkt sich die Fähigkeit, auch andere da hinab zu begleiten und zu deren Heilung beizutragen.

Mit Kunst will man hier entweder aufdecken und aufklären oder in Kontakt mit seiner dunklen Innerlichkeit gelangen (d.h. sich selbst aufklären), wozu der künstlerische Ausdruck sich hervorragend eignet.

Erkenntnisse und Weisheit erlangt diese Persönlichkeit mit Hilfe ihres Tiefgangs, mit dem Sich-Einlassen auf ihre Leidenschaft und Intensität, auf ihre verborgenen Seiten, was sie auch bringen mögen.

Konkrete Förderungen der Pallas Athene/Pluto-Persönlichkeit

- Für Echtheit, Wahrheit und die Gleichwertigkeit von Licht und Schatten kämpfen

- Kompromisslos und mit allen erdenklichen Mitteln ihre Bedürfnisse befriedigen

- Macht in der Gesellschaft ausüben (als Folge der Macht und Selbstbestimmung durch Reintegration auch Wirkung in der Öffentlichkeit zeigen)

- Gesellschaftliche Missstände schonungslos aufklären

- Tiefenpsychologische Heilmethoden (er)finden und anwenden

- Mutiger innerer Wandlungs- und Reinigungsprozess von Fremdbestimmungen, die ersatzweise ihre Macht ausübten, als die Wiederverbindung zu sich noch nicht hergestellt war

- Kunst als Aufklärungs- und Reintegrationsmethode für die Innen- und die Außenwelt.

9. PALLAS ATHENE - JUPITER

Pallas Athene im Schützen
Pallas Athene im 9. Haus
Aspekte zwischen Pallas Athene und Jupiter

Hier begegnen sich die weibliche (Tochter) und männliche Weisheit (Vater). Es kommt zu einer Kulmination von Erkenntnisfähigkeit und höherer Einsicht. Die Bereiche Weltanschauung, Religion und Bewusstseinserweiterung nehmen einen großen Raum ein und man engagiert sich kämpferisch für gleiche Rechte in der Weiterentwicklung und im Bildungswesen wie auch im religiösen Bereich.

Die Pallas Athene/Jupiter-Persönlichkeit wünscht sich eine Gesellschaft, in der sich jeder ungehindert erweitern und seinen Expansionsbedürfnissen nachgehen kann.

Heilen bedeutet aus ihrer Sicht, ihre Erfahrungen und Intelligenz zu nutzen und sich ein der Persönlichkeit genau entsprechendes Weltbild und Religionsverständnis zu schaffen, für sich zu definieren, was den Sinn des Lebens ausmacht und welche Rolle sie im Kontext des Ganzen spielt.

Konkrete   Förderungen   der   Pallas   Athene/Jupiter-

Persönlichkeit

- Für gleiche Bildungs-, Wachstums-, Religions- und
  Weiterentwicklungsbedingungen kämpfen

- Für die eigene Weltanschauung straiten

- Sich als Heilung eine klare Antwort auf die Frage
  nach dem/ihrem Sinn des Lebens suchen, sich eine
  eigene Lebensphilosophie erdenken

- Sich durch Bildungs- und Bewusstseinsstand in der
  Gesellschaft hervortun, auch durch religiöse Sicht-
  und Handlungsweisen

- Kunst als Möglichkeit der Erkenntnisfähigkeit aus-
  probieren und nutzen.

10. PALLAS ATHENE - SATURN

Pallas Athene im Steinbock
Pallas Athene im 10. Haus
Aspekte zwischen Pallas Athene und Saturn
Aspekte zwischen Pallas Athene und MC

Unter dieser Konstellation Geborene kämpfen für den Aufbau und Erhalt von Ordnung, Struktur und Festigkeit. Sie
setzen ihre kriegerische Energie sehr gezielt und effektivi-
tätsorientiert ein, weniger um des Streitens willen, sondern

um mit Ehrgeiz und Ausdauer ihre Ziele zu erreichen.

Sie können die Gesellschaft als ihre Stütze betrachten oder aktiv daran mitarbeiten, eine Gesellschaftsform nach ihren Bedürfnissen mit aufzubauen, indem sie sich z. B. entsprechend politisch betätigen.

Weisheit und Erkenntnisse entstehen aus Erfahrungen und der Betrachtung der immer wiederkehrenden Gesetzmäßigkeiten des Lebens. Sie werden aus der Praxis, der greifbaren Anschaulichkeit gewonnen. Für den künstlerischen Ausdruck sind feste, harte Materialien, wie z. B. Stein geeignet. Es besteht das starke Bedürfnis, klare, konkrete Formen zu schaffen ohne jede Überflüssigkeit, wie sie Ausmalungen, Schnörkel oder Verzierungen darstellen.

Heilung heißt Ordnung schaffen, seine Lebensziele definieren und mit Realitätssinn und Selbstdisziplin zur Wirklichkeit werden zu lassen.

Heilung heißt auch, zu hohe Ansprüche und Erwartungshaltungen an sich, entweder von außen (Projektion) oder sich selbst, als Unsicherheit zu erkennen und lieber machbare, kleine Erfolgserlebnisse zu planen und bis hin zum Endziel fortzuführen, als sich extreme Gewalttouren anzutun.

Konkrete Förderungen der Pallas Athene/Saturn-Persönlichkeit

- Ihre kriegerische Kraft für wenige, wesentliche Ziele bündeln und effektiv zum Einsatz bringen

- Aus ihren Erfahrungen die Gesetze des Lebens erkennen und zu ihrer Weisheit werden lassen

- Für Stabilität und Ordnung kämpfen

- Künstlerische Betätigung mit Praxisorientierung verbinden; mit klaren Konturen und Linien arbeiten, feste Materialien einsetzen

- Heilen durch Klarheit, Ordnung und Struktur, klare Lebensziele und deren Manifestation, durch das Ersetzen äußerer Autoritäten durch ein eigenes inneres Stützgerüst und Rückgrat

- Sich gesellschaftlich/politisch für den Aufbau und die Bewahrung von Stabilität und festen Strukturen engagieren.

11. PALLAS ATHENE - URANUS

Pallas Athene im Wassermann
Pallas Athene im 11. Haus
Aspekte zwischen Pallas Athene und Uranus

Angriffspunkt der kriegerischen Kraft sind überkommene Strukturen und einschränkende Konventionen in sich selbst bzw. in Projektion auf die Gesellschaft.

Die Pallas Athene/Uranus-Persönlichkeit strebt eine Gesellschaft an, in der Gleichheit und Gerechtigkeit an erster Stelle stehen, in der man sich auf seinen Geist, auf Gemeinschaftssinn, Zusammengehörigkeitsgefühl und

Hilfsbereitschaft stützt, anstatt auf erstarrte, für alle gültige Gesetze und Lebensformen. Ihr Ziel sind Abwechslung und Spontaneität statt Gleichförmigkeit und Allgemeingültigkeit.

Zu ihrer Weltsicht und Weisheit gelangt sie über plötzliche Eingebungen oder regen Austausch mit Gleichgesinnten und Freunden. In der Kunst möchte sie völlig neue Wege gehen und nimmt dafür z. B. neueste Technik und Computer zu Hilfe. Kunst dient auch als Ausdrucksmittel für ihr inneres Chaos oder ihre Visionen.

Heilen heißt Ausbruch aus begrenzenden Lebensformen, bedeutet ein spontanes, abwechslungsreiches und unkonventionelles Leben zu führen und sich einen hohen Freiheitsgrad zu schaffen. Hilfsmittel können Gruppentherapien oder auch hier neueste Technik sein.

Konkrete Förderungen der Pallas Athene/Uranus-Persönlichkeit

- Für Freiheit, Gleichheit, Gerechtigkeit kämpfen

- Mit unkonventionellen Mitteln und im Verband einer Gemeinschaft kämpfen

- Ihre Weisheit aus ihren plötzlichen Gedankenblitzen und dem Zusammensein mit Gleichgesinnten und Freunden gewinnen

- Heilen mit neuester Technik, durch Ausbruch aus zu festen Lebensformen, durch Zulassen von mehr Unabhängigkeit, Spontaneität und Abwechslung

- Visionen und Freiheitskampf und/oder neueste Technik in den künstlerischen Ausdruck einfließen lassen.

12. PALLAS ATHENE - NEPTUN

Pallas Athene in den Fischen
Pallas Athene im 12. Haus
Aspekte zwischen Pallas Athene und Neptun

Bei dieser Konstellation wird nicht direkt und gewalttätig gekämpft. Entweder man spielt die Rolle des Märtyrers oder arbeitet mit Phantasie und Intuition. Möglich sind auch Betrug und Hinterlist.

Bei einem gesellschaftlichem Engagement würde die Pallas Athene/Neptun-Persönlichkeit sich für Randgruppen, Kranke, Hilfsbedürftige und Ausgestoßene stark machen oder eine völlig ungewöhnliche, alternative Gesellschafts-Nichtform vorstellen und durchsetzen wollen.

Die heilenden Kräfte sind sehr ausgeprägt und konzentrieren sich auf die feinstoffliche Ebene, auf Malen, Musik, Energiearbeit, Anwendung von Schwingungen im unsichtbaren Bereich. Es wird die Verbindung mit einer höheren Energie- und Heilquelle angestrebt, durch die die eigene Heilkraft aktiviert und für sich selbst oder andere angewendet wird.

Auch der künstlerische Bereich kann sehr ausgeprägt entfaltet werden, als Möglichkeit, seine Träume und Phantasien auszudrücken und seinen Sehnsüchten Gestalt zu verleihen. Besonders geeignet sind z. B. Malen (Aquarelle), Dichten oder Prosa, Schaffung sehr fließender, ineinander verwobener Figuren, oder Aktivitäten in der Filmbranche.

Konkrete Förderungen der Pallas Athene/Neptun-Persönlichkeit

- Der gewaltlose Kampf und Krieg

- Engagement für Randgruppen (äußere Projektion/Manifestation der inneren unbeachteten "Randgruppen" der eigenen Persönlichkeit)

- Ihre Erkenntnisse aus Intuition und Eingebungen gewinnen

- Feinstoffliche Heilweisen (er)finden und bei sich und anderen anwenden

- Sensibilität, Träume, Phantasien, Sehnsüchte in einen künstlerischen Akt einfließen lassen.

ÜBUNGEN C

1. Welche Umsetzungsmöglichkeiten würden Sie vorschlagen:

a. Pallas Athene im Widder im 9. Haus?

b. Pallas Athene im Stier im 4. Haus?

c. Pallas Athene in den Zwillingen im 10. Haus?

d. Pallas Athene im Krebs im 7. Haus?

e. Pallas Athene im Löwen im 1. Haus?

f. Pallas Athene in der Jungfrau im 11. Haus?

g. Pallas Athene in der Waage im 3. Haus?

h. Pallas Athene im Skorpion im 2. Haus?

i. Pallas Athene im Schützen im 12. Haus?

j. Pallas Athene im Steinbock im 5. Haus?

k. Pallas Athene im Wassermann im 8. Haus?

l. Pallas Athene in den Fischen im 9. Haus?

8. VESTA – SELBSTBESTIMMUNG UND LEBENSDIENST ⚶

Vesta ist ursprünglich eine unverheiratete, jungfräuliche Göttin, deren Jungfräulichkeit nicht in sexueller Enthaltsamkeit bestand, sondern ihrer Fähigkeit, ohne festen Mann ein eigenständiges Leben in freier Sexualität zu führen. Ihr Dienst bestand darin, das heilige Feuer als Symbol für den Zusammenhalt von Staat und Familie aufrechtzuerhalten. In ihr wie auch ihren Vestalinnen (Tempelpriesterinnen) waren Sexualität und Heiligkeit, also Sex als spirituelles Ritual, noch eine Einheit und nicht wie in späterer Zeit aufgespalten und als Gegensätze getrennt.

Erst die Römer machten Jungfrauen im Sinne von unsexuell aus ihnen, deren einzige Aufgabe noch im Erhalt des heiligen Feuers bestand. Wurde eine Vestalin beim Bruch ihres Keuschheitsgelübdes erwischt oder beim Ausgehenlassen des Feuers, wurde sie lebendig begraben.

Vesta im Horoskop steht für die individuelle Form seines heiligen Feuers bzw. wie man mit dem heiligen Feuer der Familie (in oder außerhalb von sich) umgeht. Sie zeigt außerdem, welchen Bezug man zu seiner Arbeit im Leben hat (ähnlich dem Jungfrau-Prinzip).

Da das heilige Feuer einmal jährlich gelöscht und wieder neu entfacht wurde, symbolisiert Vesta auch die Fähigkeit zu innerem Rückzug zur Reinigung vor einem Neuanfang bzw. zur inneren Regeneration und Erneuerung.

Ihre Position besagt weiterhin, inwiefern man zu freier Sexualität wie auch Selbständigkeit ohne Bindung an ein und denselben Geschlechtspartner fähig ist, d.h. eine Jungfrau im eigentlichen Sinne zu sein, die nur sich selbst gehört, gleichgültig ob nun mit Partner oder ohne.

Sinn macht auch die Annahme, dass Vesta Hüterin des inneren Feuers, der Kundalini ist, die sich im ständigen Kreislauf, angefangen im Wurzelchakra bis zum Scheitelchakra (Ich-Auflösung) und zurück zu ihrem stillen, alle Potenziale enthaltenden Ursprung bewegt. Ihre Energie bestimmt unsere Lebenskraft und Vitalität, unsere Fähigkeit, die Feuer-Urkraft des Seins in unserem Körper zu entfachen und alle Energiezentren lustvoll damit zu versorgen und zu erquicken.

Vesta wird zwar recht artig mit dem heimischen Herd assoziiert, ist und bleibt aber auch eine Feuergöttin mit all dem Saft und all der sexuellen Lust, die dazu gehören.

9. DIE 12 VESTA-KONSTELLATIONEN

1. VESTA - MARS

Vesta im Widder
Vesta im 1. Haus
Aspekte zwischen Vesta und Mars
Aspekte zwischen Vesta und AC

Bei der Vesta/Mars-Persönlichkeit ist das Bedürfnis nach sexueller Eigenständigkeit und das Ausleben der Triebhaftigkeit in vollkommener Unabhängigkeit stark ausgeprägt. Sie erfasst ihre Feurigkeit und wehrt sich - zumindest tief in ihrem Inneren - dagegen, sich auf eine Routinebegegnung im körperlichen Bereich zu beschränken. Auch auf dem Gebiet der Arbeit und ihres Lebensdienstes benötigt sie ein hohes Maß an Selbstbestimmung und kann am besten tätig sein, wenn sie ihren Ideen impulsiv und mit sofortiger Aktion folgt und Körperkraft oder Initiative und Mut gefordert werden.

Innere Reinigung und Erneuerung finden am besten mit Hilfe körperlicher Betätigung, sei diese nun sexueller, sportlicher oder anderer Art statt. Körperarbeit und -therapie sind die Mittel der Wahl, um sich innerlich zu regenerieren und einen Neuanfang zu starten. Bei dieser Konstellation herrscht viel Dynamik und Mut, um den alten Zeitraum des Brennens des heiligen Feuers hinter sich zu lassen, einen Schnitt zu wagen, wenn die Zeit gekommen ist, und sich innerlich zurückzuziehen (sicher nicht lange) als Basis, um eine neue Richtung einzuschlagen und den Zyklus von Anfang und Ende neu zu entfachen.

Der Tempel, in dem dieses heilige Feuer steht und bewahrt werden will, ist die Körperlichkeit und Fähigkeit zu aktiver Pionierarbeit.

Konkrete Förderungen der Vesta/Mars-Persönlichkeit

- Ihren Körper und dessen Bedürfnisse heilig halten und ihm ausreichend Möglichkeiten zur Erneuerung und Regeneration sowie zur absoluten Höchstform und Abreaktion bieten

- Sich eine freie, triebgeladene Sexualität gönnen, die nicht unbedingt nur auf einen Fixpartner beschränkt bleiben muss

- Sich innerlich reinigen durch Körperarbeit und -therapie

- Sich einen Altar (im übertragenen Sinne, in ihrem Inneren) für ihre Körperlichkeit, Sexualität und ihre Pilotprojekte und Initiativen errichten

- Aktive Kundalini-Arbeit machen, d.h. die sexuelle Kraft in den inneren Energiekreislauf fließen und dort zirkulieren lassen (Yang-Form).

2. VESTA - STIER-VENUS

Vesta im Stier
Vesta im 2. Haus
Aspekte zwischen Vesta und Venus

Die Art der Dienstbarkeit bewegt sich im materiellen Bereich, in der Fähigkeit, greifbare Güter und Eigentum zu beschaffen, überhaupt ein hohes Maß an Sicherheit und Festigkeit herzustellen und zu bewahren - das heilige Feuer dieser Konstellation ebenso wie Sinnlichkeit und Genussfreude.

Bei der Verbindung von Vesta und der Stier-Venus kommen Gedanken an römische Gelage auf, aber auch die Fähigkeit zu vollkommenem Rückzug von aller äußeren Genusssucht, um zu lernen und zu erfahren, sich aus dem Inneren heraus völlig selbständig zu versorgen und zu verwöhnen, also sexuelle und sinnliche Unabhängigkeit zu feiern.

Dem Wunsch nach freizügiger Sexualität als Symbol der Selbstbestimmung und Nichtzugehörigkeit zu einem einzigen Mann (oder Frau) der Vesta kommt hier ins Gehege mit dem Besitzstreben und Sicherheitsverlangen der Stierkraft. Die Vesta/Stier-Venus-Persönlichkeit fühlt sich deshalb wohler, wenn sie innerhalb eines sicher abgesteckten Reviers ihren sinnlichen Freuden nachgehen kann.

Erneuerung und tiefe Reinigung erfährt sie durch Aufbau und Loslassen von materiellen Gütern, durch die Sichtweise, dass sie in erster Linie sich selbst besitzt und damit durch ihre innere Fülle schon vollkommen ausgesorgt hat. Das Löschen des Feuers heißt für sie das Lösen von wesensfremden oder erdrückenden Besitztümern, vor allem solange sie als Ersatz für die Entwicklung der inneren Reichtümer gelten.

Es fällt ihr leicht, ihre Kundalini-Feuerkraft mit allen Sinnen wahrzunehmen und in höhere Zentren aufsteigen zu lassen.

Konkrete Förderungen der Vesta/Stier-Venus-Persönlichkeit

- Für ihr Sicherheitsbedürfnis, ihren Wunsch nach Eigentum und Besitz sowie ihre Genussfreude und Sinnlichkeit einen (innerlichen) Altar errichten

- In diesen Themen ihr heiliges Feuer erkennen, das sie bewahrt, aber auch einmal jährlich löscht für eine innere Reinigung, um es dann wieder für eine neue Zeit zu entfachen

- Ihren Dienst, ihre Arbeit im materiellen oder sinnlich-genussfreudigen Bereich leisten

- Ihr Geld mit Hilfe der Fähigkeit zur Hingabe an und Konzentration auf ihre Arbeit verdienen

- Ihre Lust auf eine selbst bestimmte, unabhängige und doch sichere Sexualität erkennen und zum Leben erwecken bzw. ausbauen

- Innere Regeneration und Erneuerung durch Besitzsuche in sich, durch die Inbesitznahme ihrer gesamten Persönlichkeit, ihrer sexuellen Vitalkraft.

3. VESTA - ZWILLINGE-MERKUR

Vesta in den Zwillingen
Vesta im 3. Haus
Aspekte zwischen Vesta und Merkur

Bei dieser Konstellation wird das heilige Feuer im und durch den Geist entfacht. Jede Form der Information und des Wissens, des Kontaktes und der Kommunikation lassen es lodern und größer werden. Der Altar, den man innerlich oder auch äußerlich für seine Persönlichkeit errichten sollte, besteht aus Lehrstoff, guten Gesprächspartnern, seinem geistigen Wissensschatz. Auch die Dienstbarkeit fällt in diesen Bereich, in die Fähigkeit, Wissen aufzunehmen und weiterzugeben sowie sich sprachlich auszutauschen.

Die Vesta/Zwillinge-Merkur-Persönlichkeit fühlt sich von Beziehungen unabhängig und als selbstbestimmter Mensch, wenn sie ihre geistigen und verbalen Fähigkeiten entdeckt und ausgeprägt entwickelt hat, was auch Voraussetzung für die Entwicklung ihrer weiblichen Dreieinigkeit ist.

Auch in der Sexualität, insbesondere zur Erlangung von sexueller Freiheit außerhalb einer Zweierbindung, stellt die Entfaltung des geistigen und sprachlichen Potenzials, das Lesen entsprechender Lektüre oder der Austausch mit dafür passenden Gesprächspartnern eine wesentliche Voraussetzung dar.

Rückzug und innere Reinigung, ein Löschen und Wiederentfachen des Feuers findet mit Hilfe der Merkurspezialitäten Reden, Schreiben, Lernen und Wissensaufnahme statt. Vielleicht muss sich auch von einem Übermaß an

Geist und Sprache oder nicht mehr der Persönlichkeit entsprechenden Denkweisen und verbalen Ausdrucksformen gelöst werden, um einen neuen Start in Bezug auf seine Meinung und verbale Selbstdarstellung in Angriff nehmen zu können.

Konkrete Förderungen der Vesta/Zwillinge-Merkur-Persönlichkeit

- Sich einen Altar aus Wissen, reichen Austauschmöglichkeiten und der Fähigkeit, gut zu lernen, zu kommunizieren und zu schreiben, errichten

- Ihr heiliges Feuer in besagten Lebensbereichen erkennen und regelmäßig löschen, um es nach tiefer Reinigung (alte, nicht mehr passende Gedanken, Denkmuster, Redensweisen etc.) neu zu entfachen

- Die enge Verbindung zwischen geistiger Kraft/Sprache und der Fähigkeit zu einem hohen Maß an Freiheit und Eigenständigkeit in der Sexualität bei sich erkennen und entfalten

- Erneuerung und innere Regeneration über neues Wissen, durch den Rückzug auf den eigenen Geist, die eigene Meinung, das Gespräch mit ihrem Innenleben erfahren

- Ihre Selbständigkeit ohne festen Partner mit Hilfe ihres geistigen und sprachlichen Potenzials entwickeln

- Ihre Dienstbarkeit, Hingabemöglichkeit an die

Arbeit auf dem Gebiet von Informations- und Wissensvermittlung und Kommunikation erfassen und ausdrücken

- Arbeit mit der Kundalini-Feuerkraft durch entsprechende Atemübungen.

4. VESTA - MOND

Vesta im Krebs
Vesta im 4. Haus
Aspekte zwischen Vesta und Mond
Aspekte zwischen Vesta und IC

Bei dieser Konstellation besteht der Lebensdienst darin, eine Form der Fürsorge, des Bemutterns, der emotionalen Beteiligung und Versorgung zu leisten.

Das kann in der eigenen Familie sein oder ein Engagement für Kinder, Schutz- und Hilfsbedürftige oder alte Menschen. Der Kontakt zum eigenen Herzen, zur inneren Gefühlsquelle stellt den Ausgangspunkt für die Arbeit dar.

Grundlage dafür ist es, mit dem inneren Kind Kontakt aufzunehmen und es zu heilen. Erst wenn für dieses innere kindliche Wesen ein Altar erbaut wird und ständig die heilige Flamme brennt, kann aus einem echten, endlosen inneren Grundstock heraus emotionale Arbeit verrichtet werden.

Eine von fixen Bindungen befreite Sexualität wird erschwert durch das starke Bedürfnis nach Geborgenheit und

Zärtlichkeitsaustausch. D.h., dass für eine allgemeine letzt-
endliche Befreiung und Selbstbestimmung insbesondere
beziehungsmäßig eine intensive Arbeit mit dem inneren
Kind notwendig ist, um die entsprechende innere Basis und
Plattform der Eigenständigkeit zu entwickeln.
Der innere Rückzug bezieht sich auf die Gefühlswelt
und das reiche Innenleben. Ein Löschen der Flamme bedeutet das Beenden emotionaler Abhängigkeiten durch den
Aufbau einer immer vorhandenen Mütterlichkeit in sich
selbst.

Konkrete Förderungen der Vesta/Mond-Persönlichkeit

- Ihre Gefühlswelt und die Fürsorge für das innere
  Kind wie auch äußere Kinder und andere Menschen und Einrichtungen, die der emotionalen Versorgung bedürfen, als ihr heiliges Feuer erkennen,
  sich dafür einen Altar errichten

- Das Feuer jedoch auch in regelmäßigen Abständen
  freiwillig löschen und emotionale Abhängigkeiten
  durch innere Eigenständigkeit und Selbstversorgung ablösen

- Innere Reinigung, Regeneration und Erneuerung
  durch liebevolle Umsorgung und Verwöhnung des
  inneren Kindes

- Ihren Lebensdienst in einer Art gefühlsmäßiger
  Fürsorge erkennen und ausüben

- Selbständigkeit ohne eine feste Beziehung durch
  die Heilung des inneren Kindes erreichen

- Emotionalität und Freiheitsdrang innerhalb von sexuellen Beziehungen verbinden

- Innere Kundalini-Arbeit in Yin-Form, durch bewusstes Fließenlassen der Energie.

5. VESTA - SONNE

Vesta im Löwen
Vesta im 5. Haus
Aspekte zwischen Vesta und Sonne

Das heilige Feuer brennt hier in Form einer ausgeprägten Kreativität, eines Drangs, seine Einzigartigkeit an die Oberfläche zu bringen und stolz zu präsentieren. Dieser Wunsch nach einmaligem Selbstausdruck gibt auch den Ausgangspunkt ab für den Dienst, die Lebensarbeit, die geleistet werden möchte und kann.

Die Konzentration auf das künstlerische und/oder kreative Werk bringt innere Selbstbestimmung und die Fähigkeit, auch ohne festen Partner erfüllt zu leben.

Daher muss hier der innere oder auch äußere Altar seiner Kreativität gewidmet werden, unabhängig davon ob sich diese nun in Kindern oder Kunstwerken niederschlägt.

Dienen heißt für die Vesta/Sonne-Persönlichkeit Dienst an sich durch das Erlauben der Manifestation ihrer einmaligen Qualitäten und Fähigkeiten, ihrer vollkommenen Individualität.

Auch im sexuellen Bereich kann durch das Wissen und

Umsetzen ihrer Einzigartigkeit ein hohes Maß an Eigenständigkeit aufgebaut werden, die Unabhängigkeit bringt und den gleichberechtigten Wechsel zwischen Körpertrieb und Drang nach Kreativität ermöglicht.

Rückzug und innere Reinigung durch das regelmäßige Löschen des Feuers bedeutet hier, ihre Werke auch wieder loszulassen, vielleicht auch übermäßigen Stolz und ein altes Selbstbild zu verabschieden, um dann in echter Souveränität erwartungsvoll der nächsten Schaffensphase entgegenzugehen.

Konkrete Förderungen der Vesta/Sonne-Persönlichkeit

- Ihren Altar in ihrer unerschöpflichen Kreativität und Umsetzung ihrer Einzigartigkeit erkennen und errichten

- Ihr heiliges Feuer im gleichen Lebensthema sehen und freiwillig das Feuer löschen, um sich Erholung zu gönnen und ihre Werke, welcher Art auch immer, zu verabschieden und somit Raum für eine neue Schaffensperiode zu eröffnen

- Selbständigkeit, ohne auf einen Partner spezialisiert und angewiesen zu sein, durch Persönlichkeitsentfaltung und Präsentation ihrer Besonderheit ermöglichen

- Unabhängigkeit in der Sexualität, da sie ihre Lebenstriebkraft genauso gut in Kreativität umsetzen kann

- Dienstbarkeit durch ihre Einmaligkeit, durch ihre

individuellen Fähigkeiten, die sie in den Vordergrund stellt, durch ihre künstlerische Schöpferkraft

- Innere Reinigung und Erneuerung durch souveräne Darstellung ihrer Einmaligkeit, durch Loslassen der alten Produktionen, aber auch eines überholten Selbstbildes oder nicht mehr stimmiger Selbstentfaltungsmethoden

- Kundalini-Arbeit mit dem sexuellen Feuer in Yang-Form, also aktivem Hochziehen und Zirkulieren lassen der Energie.

6. VESTA - JUNGFRAU-MERKUR

Vesta in der Jungfrau
Vesta im 6. Haus
Aspekte zwischen Vesta und Merkur

Da Vesta auch gerne der Jungfrau zugeordnet wird, nimmt sie hier eine starke Stellung ein. Besonders das Prinzip der Hingabe an seinen Lebensdienst und seine Arbeit ist stark ausgeprägt. Die Vesta/Jungfrau-Merkur-Persönlichkeit braucht eine klare Aufgabe, der sie sich verschreiben kann, auf die sie ihre Kraft konzentriert und die ihr das Gefühl der vollkommenen Eigenständigkeit verleiht.

Ihr Altar, ihre heilige Flamme ist die Arbeit, der sie ihr Leben widmet, sind auch die Vernunft, Perfektionismus und die Fähigkeit, das Leben optimal zu nutzen.

Eine Gefahr stellt die vollkommene Selbstaufgabe im Arbeitsprozess dar, so dass andere Lebensfreuden, Sexualität und Kontakte völlig in den Hintergrund treten. Lehrmeister ist in dem Fall oft ein krankhaftes Geschehen, eine Beeinträchtigung der Gesundheit, um aufzuwachen und auch anderen Lebensbereichen Luft und Leben zu gewähren. Ein starkes Gesundheitsbewusstsein und die Fähigkeit, die Zusammenhänge zwischen Psyche und Körper zu erkennen, entstehen oft aus solchen Erfahrungen und stellen eine weitere wichtige Thematik dieser Konstellation und Basis zur Vereinigung der drei weiblichen Grundkomponenten dar.

Innere Reinigung, Rückzug und das Löschen der Flamme bedeuten hier Psychohygiene, Fasten, Bäder, Sauna, eine tiefe Analyse der Lebensgeschehnisse und die Entwicklung einer neuen Offenheit für vielleicht andere Formen des Lebensdienstes.

Wiedererwecken kann sie ihre innere Feuersbrunst durch gesundheitsorientierte taoistische Übungen, mit deren Hilfe die sexuelle Kraft in die einzelnen Organe oder deren zugehörige Meridiane geleitet wird.

Konkrete Förderungen der Vesta/Jungfrau-Merkur-Persönlichkeit

- Ihre Lebensarbeit, ihren Lebensdienst finden

- Analyse, Feinarbeit, Perfektionismus, Vernunft in diesen Dienst einfließen lassen

- Nicht im totalen Workaholic-Syndrom untergehen

- Ihr Gesundheitsbewusstsein entwickeln und mit in ihre Arbeit einbringen
- Ihr heiliges Feuer in ihrer Dienstbarkeit sehen und anfachen

- Es aber auch regelmäßig löschen, um sich innerlich zu reinigen und wieder für neue Arbeiten oder Arten der Umsetzung ihres Lebensdienstes frei zu machen

- Selbständigkeit, ohne an eine feste Beziehung gebunden zu sein, mit Hilfe ihres analytischen Geistes, ihrer Vernunft und ihrer Arbeit erreichen

- Unabhängigkeit im sexuellen Bereich aufgrund ihrer Fähigkeit, Probleme zu analysieren, und ihre Selbstbestimmung mit Hilfe der Arbeit erlangen

- Kundalini-Arbeit durch taoistische Übungen (Tao-Yoga).

7. VESTA - WAAGE-VENUS

Vesta in der Waage
Vesta im 7. Haus
Aspekte zwischen Vesta und Venus
Aspekte zwischen Vesta und DC

Bei der Vesta/Venus-Persönlichkeit treffen der Wunsch nach Unabhängigkeit von einer Beziehung mit dem tiefen Wunsch nach Gemeinschaftlichkeit und Einheit mit dem Partner aufeinander. So gilt es, eine Verbindung aufzubauen, in der die persönliche Identität und Eigenständigkeit trotz der Partnerschaft vollkommen bestehen bleibt. Ein Ziel, das konkret und bewusst angestrebt werden muss, um nicht auf nur einer der beiden Seiten zu leben und ständig unzufrieden zu sein und den verdrängten Teil (entweder Beziehungswunsch oder Unabhängigkeit) von außen in meist unangenehmer Form geliefert zu bekommen. Das heilige Feuer heißt Harmonie und Beziehungsleben. Es zu löschen, bedeutet, seine Beziehungsmuster von Zeit zu Zeit zu verändern und sich von zu festgefahrenen, einschränkenden Verbindungen zu lösen, um stattdessen wieder Halt in der aufzufrischenden Verbundenheit mit sich selbst zu finden.

Man errichtet einen Altar für das innere Gleichgewicht und die Partnerschaft zu und zwischen seinen inneren Wesensanteilen als Ausgangspunkt und Grundvoraussetzung für eine Beziehung in Freiheit und Selbstbestimmung voller Harmonie und Gleichheit.

Arbeit und Lebensdienst wird bei dieser Konstellation gerne im Zusammensein mit dem Partner oder anderen Mitmenschen geleistet. Wesentlich kann die Fähigkeit zur (Wieder)Herstellung des Gleichgewichtes, zum Schlichten von Streitereien und Schaffen einer harmonischen, kultivierten Atmosphäre sein, ebenso wie die Gesamtthematik der Begegnung und Beziehung der Menschen untereinander.

Innerer Rückzug und Selbsterneuerung findet zur Wiedererlangung des Kontaktes mit seinen verschiedenen inneren "Lebenspartnern"/Persönlichkeitsanteilen statt, was sich in späteren Beziehungen als konstruktiv und nützlich erweisen wird.

Konkrete Förderungen der Vesta/Waage-Venus-Persönlichkeit

- Ihren Lebensdienst in der Partnerschaft, mit dem Partner oder in der Thematik Beziehungen, Schaffen von Harmonie und Gleichgewicht, diplomatisches, kultiviertes Auftreten oder dem Bereich Schönheit, Mode und Attraktivität verrichten

- Ihren Altar, ihr heiliges Feuer in ihrer Beziehungsfähigkeit zu sich und damit auch anderen erkennen und aufbauen/entfachen

- Das Löschen des Feuers durch innere Reinigung von alten Beziehungsmustern und ggf. das Lösen von den entsprechenden äußeren Partnern

- Sich Selbstbestimmung und Unabhängigkeit in der Partnerschaft herstellen und bewahren

- Bedürfnis nach freier, ungebundener Sexualität in einer Partnerschaft verwirklichen

- Kundalini-Arbeit zur inneren Verbindung von weiblich und männlich oder zusammen mit einem Partner.

8. VESTA - PLUTO

Vesta im Skorpion
Vesta im 8. Haus
Aspekte zwischen Vesta und Pluto

In der Vesta/Pluto-Persönlichkeit besteht ein sehr tiefes Bedürfnis, sich ihrem Lebensdienst mit all ihren Fähigkeiten und Kräften zu verschreiben, ihre Arbeit äußerst gründlich und mit allen verfügbaren Mitteln zu tun. Es besteht ein starker Drang, Unbekanntes und Unbewusstes zu erforschen und vollkommen zu ergründen, ohne vor so genanntem negativen, schrecklichen und Furcht einflößenden Kräften Halt zu machen. Sie ist zu allem bereit, um sich mit Intensität und Leidenschaft ihrer gewählten Lebensaufgabe hinzugeben und schafft durch diesen Tiefgang die Möglichkeit zu ständiger Transformation und Wandlung.

Das heilige Feuer heißt Totalität und wertfreie Betrachtung sowie die Annahme all dessen, was das Leben sowohl im Inneren wie auch in der (adäquaten) Begegnung von außen bringt, ebenso wie Absolutheit in der Sexualität. Das sexuelle Potenzial ist sehr hoch wie auch das uneingeschränkte Bestreben, dieses tabulos zu leben, um sich gerecht zu werden und frei fühlen zu können.

Das totale Leben dieser Sexualität und das furchtlose Hinabsteigen in die innere Dunkelheit zur Wiederverbindung mit ihren unbewussten Seelenanteilen befähigt die Vesta/Pluto-Persönlichkeit zu einem selbst bestimmten, partnerunabhängigen Leben.

Das Löschen der Flamme zur inneren Reinigung ist notwendig, um sich von zu fixen Vorstellungen, von Verbissenheit und Besessenheit zu lösen, um ihre Prinzipien zu hinterfragen und bei Bedarf zu ändern, die ihr während der Brenndauer der Flamme oft wichtiger werden als das reale momentane Gefühl und die Bedürfnisse der anderen Persönlichkeitsseiten ihres Wesens.

Konkrete Förderungen der Vesta/Pluto-Persönlichkeit

- Ihre heilige Flamme in ihrer Totalität und Verbundenheit auch mit den so genannten negativen Seiten und ihrer leidenschaftlichen Sexualität erkennen und am Brennen erhalten

- Sich einen Altar für diese intensive Sexualität und die Bereitschaft zur totalen, kompromisslosen Hingabe an ihren Lebensdienst errichten

- Sich eine Arbeit im Bereich Aufdecken, Aufklären, intensivem Kampf für Macht und Bestimmung über sein Leben (auch durch Wiederverbindung mit dem Abgespaltenen im Unterbewusstsein), für freie Sexualität, im Forschungsbereich, in der Tiefenpsychologie, in Tabubereichen wählen

- Sich regelmäßig innerlich reinigen durch Bewusstwerdung und Sich-Lösen von überholten fixen Vorstellungen und ihrer Verbissenheit

- Transformierende Kundalini-Arbeit in der aktiven Yang-Version.

9. VESTA - JUPITER

Vesta im Schützen
Vesta im 9. Haus
Aspekte zwischen Vesta und Jupiter

Bei dieser Konstellation sollte der Lebensdienst von geistiger Weite, Expansion und der Möglichkeit zu Weiterentwicklung und Bewusstseinswachstum geprägt sein. Er muss sich durch eine positive Grundhaltung, Zuversicht und Erfüllung auszeichnen. Die Vesta/Jupiter-Persönlichkeit möchte zu mehr Bildung und der Erweiterung des Horizonts beitragen und sich z. B. in einer Lehrtätigkeit äußern könnte. Gleichzeitig nimmt der religiöse Aspekt oder eine spirituelle Meisterschaft (als Schüler oder Lehrer) einen hohen Stellenwert ein. Die Arbeit muss helfen, die Frage nach dem Sinn des Lebens für sich und vielleicht auch im Missionseifer für andere zu beantworten.

Das heilige Feuer flackert in Bildung, Bewusstheit und Expansion, ist der Wunsch nach Erfüllung, Glück und Erfolg. Das Löschen des Feuers zur inneren Reinigung könnte genutzt werden, um Anmaßung, Selbstherrlichkeit und übertriebenen Missionseifer abzulegen oder seinen Geist wieder frei zu machen für neue Einsichten und Erkenntnisse.

Eigenständigkeit ohne festen Partner ist vor allem mit Hilfe geistiger Qualitäten, einer eigenen Lebensphilosophie und vielleicht einem Bezug zum Ausland und durch Reisetätigkeiten erreichbar. Sexualität ist eng gekoppelt mit Inspiration, geistiger Anregung und einem Quell für Bewusstseinserweiterung und Glück.

Die Konstellation eignet sich hervorragend zur

Entflammung der Kundalini und ihre Wandlung zu geistigem Feuer und Licht.

Konkrete Förderungen der Vesta/Jupiter-Persönlichkeit

- Sich ihren Lebensdienst im Bereich Lehre, Bildung, Reisen, Ausland, Bewusstseinserweiterung, Religion suchen

- Ihren Lebensdienst, ihre Aufgabe und Arbeit als ihre Erfüllung und ihren Lebenssinn betrachten

- Ihr heiliges Feuer in Bildung, Bewusstheit und Erfüllung sehen und am Brennen erhalten

- Ihre Selbständigkeit außerhalb einer festen Beziehung mit Hilfe dieser Bereiche gewinnen

- Freiheit, Großzügigkeit und Erfüllung durch und in der Sexualität erleben
- Ihren Altar für ihr Weltbild, ihr religiöses Empfinden und ihre positive Grundhaltung errichten, für ihre Mission für geistige Weite und Expansion

- Innere Reinigung durch Rückzug beim Löschen des Feuers, um sich von Anmaßung, Arroganz und Selbstherrlichkeit sowie überholten religiösen und philosophischen Sichtweisen oder Einflüssen von inzwischen nicht mehr wesensgemäßer Bildung zu befreien.

10. VESTA - SATURN

Vesta im Steinbock
Vesta im 10. Haus
Aspekte zwischen Vesta und Saturn
Aspekte zwischen Vesta und MC

Bei dieser Konstellation wird mit Ausdauer und äußerster Selbstdisziplin seiner Lebensaufgabe und seinem Dienst nachgegangen. Er wird zur Berufung, zur beruflichen Tätigkeit gemacht. Die Vesta/Saturn-Persönlichkeit zeigt sich sehr zuverlässig und leistungsfähig, wenn es um die Erledigung ihrer Aufgaben geht. Sie erfüllt sie ernsthaft und effektiv, schaltet jeder Aktion einen genauen, realistischen Plan vor und beschränkt sich auf wenige, wesentliche Ziele.

Das heilige Feuer heißt für sie Ordnung, Struktur und Stabilität. Das Löschen der Flamme, um sich innerlich zu erneuern und zu reinigen, trägt bei ihr dazu bei, sich von zu festen, veralteten, nur noch aus Sicherheitsgründen aufrechterhaltenen Lebensstrukturen zu lösen, von fremden Stützen, da die zuvor außen gesuchte Autorität in ihr selbst erwachsen ist, von zu viel Strenge und Askese gegenüber sich selbst und anderen.

Selbständigkeit ohne eine feste Beziehung sowie das Zusammenwachsen der drei weiblichen Grundenergien erringt sie durch ihren Beruf und ihre Leistungen im Lebensdienst, durch ihre selbstverantwortliche Lebensweise, ihre Fähigkeit, in sich selbst ein festes Fundament durch die Verwirklichung ihrer klar definierten Lebensziele zu bauen.

Das Freiheitsbedürfnis besonders auch in der Sexualität

kann mit ihren hohen, rein leistungsorientierten Ansprüchen in Beruf und Arbeit kollidieren.

Sie kann aber auch lernen, ihr sexuelles Feuer durch diszipliniertes Üben zu bündeln und in die Zentren, Organe und Energiebahnen zu lenken, die diese Kraft gerade besonders benötigen.

Konkrete Förderungen der Vesta/Saturn-Persönlichkeit

- Ihren Lebensdienst in ihrem Beruf sehen bzw. in diesem zum Ausdruck bringen

- Konzentriertes, ausdauerndes, diszipliniertes Arbeiten

- Ihr heiliges Feuer in Beruf, Ordnung und Stabilität betrachten und am Brennen erhalten

- Innere Reinigung beim Löschen des Feuers von zu hohen Ansprüchen, zu viel Strenge und veralteten, überholten Lebensstrukturen

- Selbständigkeit ohne eine feste Beziehung mit Hilfe der aufgebauten inneren Autorität und ihrem Beruf.

11. VESTA - URANUS

Vesta im Wassermann
Vesta im 11. Haus
Aspekte zwischen Vesta und Uranus

Bei dieser Konstellation liegt das Hauptaugenmerk auf der Befreiung von zu engen Strukturen, auf der Erringung von Unabhängigkeit um jeden Preis, für sich selbst wie den größeren Rahmen.

Die Vesta/Uranus-Persönlichkeit versteht es, sich im Abstand zu ihren persönlichen Bedürfnissen für eine Gemeinschaft oder Gruppe zu engagieren und sieht ihren Lebensdienst in dem Kampf für Gerechtigkeit, Gleichheit und das Recht auf eine unkonventionelle Lebensweise.

Das heilige Feuer und die Grundlage für die Entfaltung der weiblichen Dreieinigkeit heißen Freiheit und Gemeinschaftssinn. Es für eine innere Reinigung und Regeneration zu löschen, bedeutet, wieder mehr in Kontakt zur Erde, zu ihren persönlichen Fähigkeiten zu gelangen, ohne deren Entwicklung man auch keinen Grundstock für den Dienst an der Gemeinschaft hat. Vielleicht löst man sich auch von Freunden und Gruppierungen, die nicht mehr zur jetzigen Persönlichkeit passen.

Die Selbständigkeit ohne eine feste Beziehung wird erreicht durch den Bruch mit der Vergangenheit, mit überholten Denk-, Gefühls- und Verhaltensweisen.

Der geleistete Dienst muss ungewöhnlich und spannend sein, voller Abwechslung und völlig neuen, visionären Möglichkeiten. Die Vesta/Uranus-Persönlichkeit arbeitet am liebsten im Team, in einer Gemeinschaft mit gleichen Zielen und Zukunftsvorstellungen.

Die Sexualität wird in äußerst freizügiger Weise und im Abstand zu ihren Gefühlen gelebt. Es besteht auch die Möglichkeit, die sexuelle Kraft mit dem Dritten Auge kurzzuschließen und so die Gleichzeitigkeit von Trieb und Geistigkeit zu erfahren, einen Geschmack des inneren Pulsierens zwischen den Gegensätzen zu bekommen und seine Androgynität (die Spannung und gleichzeitig Verbindung zwischen männlich und weiblich) bis hin zur Zellebene zu spüren.

Konkrete Förderungen der Vesta/Uranus-Persönlichkeit

- Sich einen Altar für ihren Freiheitsdrang und den Kampf für Gleichheit und Gerechtigkeit errichten

- Ihre heilige Flamme in der Freundschaft und Hilfsbereitschaft, dem Gemeinschaftssinn, der Unabhängigkeit und Unkonventionalität erkennen und immer neu entfachen

- Innere Reinigung und Rückzug (Löschen der Flamme), um sich von nicht mehr stimmigen Freundschaften und Gemeinschaften zu lösen und wieder in Kontakt mit Erde, Gefühl und Persönlichkeit als Ausgangspunkt für den überpersönlichen Dienst zu gelangen

- Einen ungewöhnlichen, abwechslungsreichen, zukunftsorientierten Dienst leisten, für mehr Freiheit und das Durchschneiden zu enger Fesseln

- Selbständigkeit ohne Beziehungen durch reale (Selbst)Befreiung erreichen.

12. VESTA - NEPTUN

Vesta in den Fischen
Vesta im 12. Haus
Aspekte zwischen Vesta und Neptun

Hier wird das Bedürfnis, selbstlos und im Kontext einer größeren Einheit und Aufgabe zu dienen, als sehr stark empfunden. Die Hingabe an den Lebensdienst ist sehr ausgeprägt und die Vesta/Neptun-Persönlichkeit möchte auf dem sozialen, helfenden oder heilenden Sektor ihre ganze Kraft und Energie einbringen. Auch der künstlerische Bereich oder die Spiritualität stellen Möglichkeiten dar, ihre Hingabefähigkeit und Durchlässigkeit für überpersönliche Energien umzusetzen.

Die heilige Flamme und die Basis für das Zusammenwachsen der drei weiblichen Grundelemente heißt Aufgehen in ihrer Arbeit, ihrem Dienst, Auflösung und Verschmelzung weit über die eigenen Grenzen hinaus, die Unendlichkeit spüren und sich aktiv helfend, durch die Kunst oder alternative Projekte zu betätigen und zu engagieren.

Das Löschen der Flamme, der Rückzug zur inneren Reinigung heißt Verschmelzung mit ihrem Inneren, um von dort die Sehnsucht zu stillen, die sie bisher im Äußeren so schmerzhaft zu stillen gesucht hat, bedeutet, sich wieder in sich zu sammeln und zu konzentrieren, um für neue Projekte in der Außenwelt vorbereitet zu sein. Es kann auch bedeuten, auf die Erde zu kommen, um die konkrete Verwirklichung ihres Andersseins, ihrer Träume und ihrer Dienstbarkeit zu planen und damit auch manifestieren zu können, oder aber sich von nicht mehr passenden Sehnsüchten, die man in die Außenwelt projizierte, zu lösen.

Sexualität wird als Akt der Hingabe, des Aufgehens im anderen betrachtet, als Möglichkeit einer tiefen spirituellen Erfahrung, zumindest einer Auflösung ihrer üblichen Grenzen. Auch kann die sexuelle Energie vollkommen in die Konzentration auf ihren Dienst/ihre Arbeit umgewandelt werden. Durch die Selbständigkeit ohne festen Partner kann die Fähigkeit zur Verbundenheit (auch sexuell) zu vielen Menschen erreicht werden. Die Vesta/Neptun-Persönlichkeit fließt, ist eins mit dem Strom, klammert sich nicht fest, will nicht besitzen. Sie betreibt am besten eine vollkommene Yin-Version der Kundalini-Arbeit (die Energie absichtslos und ohne Einmischung im inneren Energiekreislauf fließen lassen).

Konkrete Förderungen der Vesta/Neptun-Persönlichkeit

- Ihren Dienst in einer helfenden, heilenden, sozialen, alternativen, unangepassten, künstlerischen, überpersönlichen Aufgabe und Tätigkeit verrichten

- Ihre heilige Flamme in der vollkommenen Hingabe an ihre Arbeit, an die Fähigkeit zur Verschmelzung und Auflösung, in ihren Träumen und ihrer Verwirklichung) erkennen und brennen lassen

- Das reinigende Löschen des Feuers für die innere Sammlung, die Verschmelzung mit einer höheren, alles umfassenden Kraft (auch zur Erfüllung ihrer Sehnsüchte) nutzen

- Selbständigkeit ohne einen festen Partner durch ihre All-Verbundenheit erlangen

- Sexualität als Möglichkeit der Auflösung ihrer Grenzen, des Aufgehens in einer größeren Einheit sehen und nutzen.

ÜBUNGEN D

1. Welche Umsetzungsmöglichkeiten würden Sie für folgende Konstellationen vorschlagen:

a. Vesta im Widder im 5. Haus?

b. Vesta im Stier im 7. Haus?

c. Vesta in den Zwillingen im 8.Haus?

d. Vesta im Krebs im 2. Haus?

e. Vesta im Löwen im 12. Haus?

f. Vesta in der Jungfrau im 11. Haus?

g. Vesta in der Waage im 4. Haus?

h. Vesta im Skorpion im 6. Haus?

i. Vesta im Schützen im 1. Haus?

j. Vesta im Steinbock im 3. Haus?

k. Vesta im Wassermann im 9. Haus?

l. Vesta in den Fischen im 10. Haus?

10. JUNO – DIE GATTIN ⚵

Juno (Hera) repräsentiert die treue, bindungswillige Gattin des Jupiter (Zeus), die zum Ausgleich für ihre lebenslange Monogamie pausenlos von demselben betrogen und hintergangen wird. Ihre Konsequenz besteht nicht darin, von ihm dazuzulernen, sondern sich in regelmäßigen Abständen zurückzuziehen und eine Nachkommenschaft zu kreieren, die auf ihrer Jungfräulichkeit und nicht der so ersehnten Verbindung mit Jupiter entstammt.

Sie versinnbildlicht die drei Grundentwicklungen der Frau vom Mädchen, über die Braut (Vollblutfrau) zur Witwe. Spätestens im letzten Zustand des Frauseins wird sie gezwungen, sich vollkommen auf sich zu besinnen und die tiefe Sehnsucht nach einem Seelengefährten dahin zu richten, wo dieser nur gefunden werden kann: im eigenen Inneren.

Die Entwicklung vom Mädchen zur Witwe und hin zu einem neuen Kreis durchlebt sie regelmäßig, in dem sie an einem Brunnen wieder zur Jungfrau wird, danach als Braut rituell die Ehe vollzieht, um dann wieder vollkommen in sich zu kehren.

Juno im Horoskop gibt neben der Waage-Venus weitere Informationen über die Beziehungsart und das eigene Partnerverhalten (bzw. in der Projektion: den Partner). Sie zeigt, wie wir uns unseren Seelengefährten vorstellen, zeigt unser Sehnsuchtsbild, das so lange Leid mit sich bringen wird, bis wir es in uns zu erfüllen und zu befriedigen gelernt haben, bis wir selbst zu genau dem Seelengefährten geworden sind, den wir uns außen erträumt und erhofft haben. Von dieser Basis aus kann sich dann eine völlig neue Form der Partnerschaft entwickeln.

11. DIE 12 JUNO-KONSTELLATIONEN

1. JUNO - MARS

Juno im Widder
Juno im 1. Haus
Aspekte zwischen Juno und Mars
Aspekte zwischen Juno und AC

Hier wünscht man sich eine kämpferische, vor Aktivitäten und Tatendrang nur so strotzende Beziehung. Der Partner soll agil, potent und durchsetzungsfreudig sein und über ein hohes Maß an Sportsgeist verfügen. Diese Forderung wird so lange zur lebenswichtig erscheinenden Notwendigkeit, bis man selbst diese Qualitäten für sein eigenes Partnerverhalten erkannt und erschlossen hat, bis man selbst zum impulsiven Energiebündel mit Mut, Risikofreude und Initiative geworden ist und diese Fähigkeiten in seine feste Zweierverbindung einbringt.

Es besteht natürlich auch ein innerer Konflikt zwischen der direkten Männlichkeit, dem Bedürfnis, seine Interessen durchzukämpfen, und dem Bedürfnis nach Zusammensein und Zweisamkeit. Der Wunsch, in einer Partnerschaft aufzugehen, trifft auf den Drang nach starker Selbstbehauptung. Diese Reibung muss als innere Spannung erfasst und in gleichberechtigte Bahnen für beide beteiligten Parteien geleitet werden. Sonst besteht wie immer die Gefahr, sich mit der einen Seite zu identifizieren und die andere, unbeliebtere nach außen, naheliegender Weise auf den Partner zu projizieren und dort genauso anzukreiden und zu bekämpfen wie in sich selbst.

Die Juno/Mars-Persönlichkeit wünscht sich eine reichlich sexuell gefärbte, dynamische, vor Energie nur so sprühende Beziehung und hat zu deren Gestaltung auch ein solches Potenzial zur Verfügung.

Witwe zu sein, heißt hier, sein Alleinsein zu nutzen, um ein eigenes Sportprogramm aufzubauen (eigenständige Möglichkeit zum Leben seiner Körperlichkeit und Abbau von Aggression und überschüssiger Triebkraft), die Fähigkeit zu sexueller Selbstbefriedigung, um zu wissen, was man überhaupt möchte, und gleichzeitig sexuelle Eigenständigkeit zu erreichen, sowie eigener Initiativen, Aktivitäten und das Entwickeln von Tatkraft und Dynamik.

Konkrete Förderungen der Juno/Mars-Persönlichkeit

- Sich als sehr agilen, kämpferischen Partner erfassen und dahin entwickeln

- Eine Beziehung aufbauen, in der Aktivität und dynamisches Ausleben der Triebkraft im Vordergrund stehen, ebenso wie das Ergreifen von Initiativen und Starten von Pilotprojekten

- Lernen, sich innerhalb der Beziehung durchzusetzen

- Den inneren Konflikt zwischen Selbstbehauptungsdrang und dem Wunsch nach Zweisamkeit erkennen und beiden Kräften gleichberechtigten Raum bieten

- Ihre Ur-Antriebskraft mit Hilfe einer Partnerschaft bzw. in ihrem Partnerdasein und -verhalten entwickeln und erfahren

- Mit dem Partner für/gegen eine bestimmte Sache kämpfen und sich streitbar engagieren.

- Ihre Aggressionen gegenüber dem Partner zum Ausdruck bringen

- In ihrer "Witwenzeit" sich im Bereich Körper, Sex, Sport und Initiativen selbständig machen.

JUNO - STIER-VENUS

Juno im Stier
Juno im 2. Haus
Aspekte zwischen Juno und Venus

Die Juno/Venus-Persönlichkeit strebt eine sehr feste, dauerhafte Beziehung an, auf die sie sich in jedem Falle verlassen kann. Sie möchte ihren Partner sicher in der Tasche haben und mit ihm ggf. auch gemeinsame materielle Werte schaffen. Selbst wenn in der Verbindung Routine einkehrt und der sprühende Funke sich verloren hat, hält sie noch daran fest, da sie ihr Sicherheitsgefühl voll und ganz auf Partner und Partnerschaft projiziert.

Anders sieht es aus, wenn sie beginnt, dieses Bedürfnis nach Sicherheit auf sich zurückzunehmen und in sich selbst durch Erkenntnis und Umsetzung ihrer individuellen Qualitäten zu befriedigen. Besonders wichtig ist dabei die

Umsetzung in Eigentum und materielle Selbständigkeit -
die Grundvoraussetzung bei dieser Konstellation, um eine
erfüllende Partnerschaft aufbauen zu können und sich nicht
in eine finanzielle Abhängigkeit begeben zu müssen.
Eine Zweierbeziehung wird verbunden mit gemeinsamen Genussfreuden, viel Sinnlichkeit und gegenseitiges
Verwöhnen im körperlichen und kulinarischen Bereich.
Vorbedingung, um dieser gewünschten Seite der Partnerschaft gerecht zu werden, d.h. sie sich zu erfüllen, heißt
zu wissen, was Genuss für einem bedeutet (siehe Stier-Ve-
nus-Konstellationen im Horoskop). Dann ist es Aufgabe,
diesen für sich alleine auch verwirklichen zu können und
sich zu einem genussfreudigen und -fähigen Partner zu entwickeln. Dieser Prozess kann innerhalb einer Beziehung,
aber auch besonders in einer "Witwenphase" bewusst gefördert und verwirklicht werden.

Konkrete Förderungen der Juno/Stier-Venus-Persönlich-
keit

- Sich zu einem ihrer Persönlichkeit entsprechenden
  genussfreudigen und mit Sinnlichkeit (durch sich
  versorgten und) versorgenden Partner entwickeln

- Sich eine feste, sichere Partnerschaft aufbauen

- Sich eine eigene materielle Basis verschaffen und
  in der Beziehung finanziell eigenständig bleiben

- Aus dieser Selbständigkeit heraus sich bei Bedarf
  mit dem Partner zusammen noch gemeinsames Eigentum und Sicherheiten zulegen

- Zu lernen, sich innerhalb bzw. mit der Partnerschaft abzugrenzen.

3. JUNO - ZWILLINGE-MERKUR

Juno in den Zwillingen
Juno im 3. Haus
Aspekte zwischen Juno und Merkur

Bei dieser Konstellation stehen die geistige Verbundenheit
und die Möglichkeit, sich verbal auszutauschen, im Vordergrund des Partnerwunsches. Die Juno/Merkur-Persön-
lichkeit verlangt nach geistiger Stimulanz, nach anregen-
den Gesprächen und Möglichkeiten, ihr Wissen zu bereichern und weiterzugeben. Das Gefühl der Gemeinschaftlichkeit entsteht durch geistige Inspiration und die Aus-
sicht, in diesem Zusammentreffen etwas dazuzulernen und
ständig ihre Neugierde geweckt und gestillt zu bekommen.
   Um eine solche Partnerschaft aufbauen zu können, bedarf es der Entfaltung ihrer geistigen und kommunikativen
Fähigkeiten. Sie sollte selbst stets die neuesten Informationen parat haben, über ein vielseitiges Wissen verfügen und
selbst ein geistig interessanter Mensch sein.
   Für die Entfaltung der geistigen und sprachlichen Qualitäten und des Auftuns eigener Gesprächspartner sind vor
allem Zeiten des Alleinseins zwischen zwei Verbindungen
gut geeignet. Doch natürlich stellt auch jede Beziehung
eine neue Hochphase dar, um ihrem geistigen Austausch-
bedürfnis Genüge tun zu können.

Die Juno/Zwillinge-Merkur-Persönlichkeit versteht es, geistig über ihren Beziehungsbedürfnissen zu stehen und über die Belange der Partnerschaft gut zu reden. Sie muss lernen, diesen geistigen Abstand gleichberechtigt zu ihrem Wunsch nach Verbundenheit mit dem Partner zu behandeln.

Konkrete Förderungen der Juno/Zwillinge-Merkur-Persönlichkeit

- Ein hohes Maß an Wissen, Information und sprachlichen Fähigkeiten entwickeln als Ausgangspunkt für die gewünschte geistige Verbundenheit und Anregung in einer Beziehung

- Über Beziehungsbelange reden, schreiben, sich austauschen

- In Alleinphasen ihren Geist auffrischen und sich eigene Gesprächspartner suchen, um geistig und verbal eigenständig in die nächste Beziehung zu gehen und selbst ständig etwas an Geist und Gesprächsstoff bieten zu können

- Geistigen Abstand zu ihren Beziehungen zulassen

- Ggf. Lust auf mehr als einen Partner spüren und leben.

4. JUNO - MOND

Juno im Krebs
Juno im 4. Haus
Aspekte zwischen Juno und Mond
Aspekte zwischen Juno und IC

Bei dieser Konstellation besteht die Sehnsucht nach einer sehr gefühlsgetragenen, kuscheligen und heimeligen Beziehung. Ein gemeinsames Zuhause und vielleicht auch die Gründung einer Familie spielen eine wesentliche Rolle für die Juno/Mond-Persönlichkeit. Die Partnerschaft soll Geborgenheit bieten und einen Ort der gefühlsmäßigen Sicherheit und Versorgung darstellen.

Voraussetzung einer solchen Partnerschaft ist die Bereitschaft, bewusst an der Heilung ihres inneren Kindes zu arbeiten. Erst die langsame Genesung ihrer Gefühlswelt von tief innen heraus macht das Anziehen eines ebenso emotional gesundeten und zu einer solchen Beziehung fähigen Menschen als Partner möglich.

Daher sollte besonders in "Witwenzeiten" ein ganz tiefer Kontakt mit den vorhandenen inneren Wunden wieder aufgenommen werden, um diese eigenständig zu verarzten und langsam zu schließen (siehe Mondpositionen im Horoskop).

Die Schaffung einer solch starken inneren Basis ist die Vorbeugung vor einem emotional von Sehnsucht und Enttäuschung geprägten Beziehungsleben und gewährleistet die Öffnung für eine gefühlsmäßig erfüllende Verbindung zu ihrem Partner.

Konkrete Förderungen der Juno/Mond-Persönlichkeit

- An der Heilung des inneren Kindes arbeiten

- Einen entsprechend ebenso emotional gesundeten Partner anziehen und mit ihm eine sehr gefühlvolle Beziehung aufbauen

- Die Sehnsucht nach emotionaler Versorgung und Geborgenheit durch den Partner zurücknehmen, sich selbst umsorgen und dabei erkennen, dass diese Sehnsucht letztendlich der eigenen Mütterlichkeit in sich und der Annahme der Mutterkräfte in ihrer Ahnenreihe gilt

- Eine Beziehung gestalten, in der sehr viel Austausch von Zärtlichkeit und Gefühl möglich ist.

5. JUNO - SONNE

Juno im Löwen
Juno im 5. Haus
Aspekte zwischen Juno und Sonne

Bei dieser Konstellation stellen Kreativität und Selbstentfaltung wesentliche Themen in der Beziehung dar. Optimal wäre die gegenseitige Unterstützung in dem Bestreben, seine Einzigartigkeit an den Tag zu legen, nachdem man sich selbst lange genug in dieser Hinsicht gefördert hat und daher in der Lage ist, auch anderen eine solche Hilfe von Herzen zukommen zu lassen.

Vielleicht spielen auch die kreativen Werke des Paares, Kinder oder ein gemeinsames Unternehmen eine wichtige Rolle in der Beziehung.

Es wird angestrebt, keine übliche, sondern eine ganz besondere Form des Zusammenseins zu kreieren, das die Einmaligkeit der beiden vereint.

Es stellt eine wichtige Aufgabe dar, das Interesse an seiner Selbstentfaltung mit dem Wunsch nach Zweisamkeit zu verbinden und beide gleich stark sein zu lassen.

Die Juno/Sonne-Persönlichkeit kann ihre persönlichen, individuellen Merkmale und Qualitäten besonders innerhalb einer Partnerschaft bzw. in der Entfaltung ihres kreativen, selbständigen und souveränen Partnerdaseins verwirklichen. Um eine dazu passende, förderliche Beziehung anzuziehen, ist es notwendig, in "Witwenphasen" sich alleine um die konkrete schöpferische Umsetzung ihrer Einzigartigkeit und auch ihrer Form der Sexualität zu kümmern und darauf ein reales Selbstbewusstsein aufzubauen, sich unternehmerisch zu betätigen oder eine andere Bühne zu schaffen, um sich ein Denkmal zu setzen und sich zu präsentieren.

Konkrete Förderungen der Juno/Sonne-Persönlichkeit

- Sich um ihre Selbstentfaltung und das daraus erwachsende Selbstbewusstsein, gezielt auch als Vorbereitung für eine Beziehung, kümmern

- Sich Eigenständigkeit in einer Partnerschaft erarbeiten

- Mit dem Partner kreativ, künstlerisch oder unternehmerisch tätig sein

- Eine individuelle Beziehungsform schaffen

- Sich gegenseitig in der Partnerschaft beim Entwicklungsprozess der Einmaligkeit und deren Präsentation unterstützen.

6. JUNO - JUNGFRAU-MERKUR

Juno in der Jungfrau
Juno im 6. Haus
Aspekte zwischen Juno und Merkur

Bei dieser Konstellation wird eine Arbeitsbeziehung angestrebt, entweder in der Form, dass das Paar tatsächlich eine gemeinsame Tätigkeit verrichtet, oder dass die Partnerschaft selbst, ihre Gestaltung und die pausenlose Analyse der Beteiligten und der Geschehnisse innerhalb der Verbindung als arbeitsmäßiger Grundstock des Zusammenseins erachtet werden.

Die Beziehung wird von Vernunft und Zweckmäßigkeit geleitet und es kann der Hang zu Perfektionismus bestehen. Die Fähigkeit zur Bewältigung der alltäglichen Anforderungen nimmt einen höheren Stellenwert ein als z. B. Gefühle oder Spontaneität. Man fühlt sich geliebt und angenommen, wenn der andere sich in gleicher Weise mit Arbeitseinsatz und seinen analytischen Fähigkeiten bemüht, die Beziehung aufzubauen und aufrechtzuerhalten. Auch das Thema Gesundheitsbewusstsein und -vorsorge kann zu einem wichtigen Sektor in der Verbindung der beiden Partner werden.

In Witwenzeiten sollte die Juno/Merkur-Persönlichkeit besonders ihre Beziehungsmuster und -grundverhaltensweisen durchleuchten und analysieren, sollte sie an ihrer Beziehungsfähigkeit arbeiten, um durch eine innere Veränderung eine äußere Wandlung in der nächsten Partnerschaft zu ermöglichen.

Die Juno/Merkur-Persönlichkeit liebt auch ihre Arbeit und muss aufpassen, dass sie nicht dermaßen mit ihr "verheiratet" ist, dass für eine Partnerschaft kaum mehr Raum und Zeit bleibt.

Konkrete Förderungen der Juno/Jungfrau-Merkur-Persönlichkeit

- Ihr Beziehungsverhalten und ihre (dazu passende) Partnerschaft analysieren

- Den Partner als Spiegel für ihr Beziehungsverhalten, also unter dem Gesichtspunkt evtl. Projektionen analysieren

- Bereit sein, für den Aufbau und die Gestaltung einer Partnerschaft Arbeitseinsatz zu zeigen, selbstkritisch zu sein und ihre Vernunft walten zu lassen

- Gesundheitsbewusstsein und innere und äußere Reinigung zu wesentlichen Faktoren der Beziehung werden lassen

- Den Zusammenhang zwischen Partnerschaft und Gesundheitszustand bei sich erkennen und entsprechend an seinen Beziehungsmustern arbeiten.

7. JUNO - WAAGE-VENUS

Juno in der Waage
Juno im 7. Haus
Aspekte zwischen Juno und Venus
Aspekte zwischen Juno und DC

Als Juno/Venus-Persönlichkeit wünscht man sich eine sehr harmonische Beziehung, in der die Interessen des Partners und das Aufrechterhalten der Harmonie wichtiger genommen werden als die eigene Persönlichkeit. Sie zeigt sich als vollkommener Beziehungsmensch, was natürlich dazu verleitet, viele Bedürfnisse und Sehnsüchte auf das Gegenüber zu projizieren und dort finden zu wollen.

Sie ist bereit, sehr viel Energie und Zeit für ihre Partnerschaft und die Begegnung mit den Mitmenschen allgemein aufzubringen und ihre Persönlichkeit in diese Verbindungen zu investieren.

Um angezogen zu werden und sich zu einer solchen Partnerschaft angeregt und animiert zu fühlen, muss Freundlichkeit, Kultiviertheit und das Bedürfnis nach Stil und Schönheit vorhanden sein. Eine Liebesbeziehung sollte gekennzeichnet sein durch Entgegenkommen und den Aufbau einer harmonischen Atmosphäre. Konfrontationen und Streits werden nur sehr schlecht ertragen, so dass die Tendenz besteht, in jeder Beziehung wesentliche Auseinandersetzungen unter den Teppich zu kehren oder mit einem netten Lächeln zu kaschieren, nur um die gewünschte ruhige und angenehme Verbundenheit nicht zu stören.

Eine Witwenzeit kommt bei dieser Kombination selten vor, es sei denn man hat wirklich genug von Beziehungen, da sie nicht die Träume erfüllen, die man auf sie projiziert hat.

Dann ist Raum und Zeit, um die eigenen Beziehungsmuster bewusst wahrzunehmen und Möglichkeiten zu finden, Selbstliebe zu entwickeln, da man den anderen nur so sehr akzeptieren und lieben kann wie sich selbst. Es steht an, trotz des starken Beziehungsdrangs nach innen zu gehen und die Qualitäten, die man die ganze Zeit beim anderen erwartet hat, in sich wieder zu finden und zur Entfaltung und Blüte zu bringen.

Die außen angestrebte Harmonie kann jetzt im Inneren zwischen den einzelnen Persönlichkeitsanteilen hergestellt werden als Voraussetzung, um einen ebenso bewussten Partner anzuziehen und eine Beziehung in Gemeinschaftlichkeit und Einklang aufzubauen.

Konkrete Förderungen der Juno/Waage-Venus-Persönlichkeit

- Jede Form des Sich-schön-machens für den Partner

- Schaffung einer freundlichen, auf Entgegenkommen begründeten Atmosphäre in der Beziehung

- Streitereien und Konfrontationen schon im Keim schlichten und ausgleichen (nicht verdrängen oder unterdrücken!)

- Sich selbst in Witwenzeiten zum Partner werden als Grundstock für eine funktionierende Außenpartnerschaft

- Ihre Projektionen auf den Partner durchschauen, die jeweiligen Kräfte in sich entwickeln und selbst in die Beziehung einbringen

- In sich Gleichgewicht und Harmonie herstellen, um dies auch in eine Beziehung einbringen zu können.

JUNO - PLUTO

Juno im Skorpion
Juno im 8. Haus
Aspekte zwischen Juno und Pluto

Hauptanspruch bei dieser Partnerschaftsform sind Ausschließlichkeit und Intensität. Beziehungen stellen das Schlachtfeld dar, um in Kontakt mit seinen verdrängten Seiten zu gelangen und entweder als Spiegel im Partner oder bei sich selbst, im eigenen Partnerverhalten, bewusst zu erleben und wieder in sein Selbstbild zu integrieren, da der Kampf gegen die Projektionsfläche wenig weiterbringt. Beziehungen werden nur dann als solche betrachtet und zugelassen, wenn beide bereit sind, sich voll und ganz in diese fallen zu lassen und ohne jede Wertung und Unterscheidung jede Art an Erfahrungen und Interaktionen möglich zu machen.

Der Partner muss der Juno/Pluto-Persönlichkeit voll leidenschaftlicher Begierde begegnen und eine totale Verbindung wollen, damit sie sich geliebt fühlt. Halbheiten und Eventualitäten werden mit Abwendung und schweigender Abkehr beantwortet. Die Beziehung soll das Letzte aus den Partnern herausholen und Grenzerfahrungen bieten.

Wird diese Möglichkeit zum gemeinschaftlichen Fahren in die "innere Hölle" nicht bewusst genutzt und genussvoll in Angriff genommen, kommt es zu Plutonitäten wie Kontrolle, Vorstellungsfixierung, Machtspielen und Misstrauen (als Zeichen des Misstrauens und der Angst vor sich selbst) als Schutz vor dem Blick in den inneren Abgrund, auf ihre unbekannten Seiten.

Eine Partnerschaft ermöglicht der Juno/Pluto-Persönlichkeit, ihrer inneren Wahrheit und Ganzheit näher zu kommen, Abgetrenntes wieder in ihr bewusstes Wesen aufzunehmen und damit tiefe Wandlungen zu erfahren.

In Witwenzeiten kann sie die Projektionen all dieser dunklen inneren Gestalten auf den Partner durchschauen lernen, sie als Mitglieder ihrer eigenen inneren Familie identifizieren und in ihr Selbstbild integrieren.

Sie kann eigenständig hinabsteigen und Kontakt aufnehmen, Bindungen wiederherstellen zu verdrängten Wesensanteilen, um so wieder heiler und in sich gesundet in die nächste Partnerschaft durchzustarten. Sie kann sich in Witwenzeiten und natürlich auch innerhalb von Beziehungen gut mit allen Formen der Transformationsarbeit befassen und damit vor allem ihr Beziehungsverhalten wandeln und überholte Verhaltensmuster verabschieden bzw. in eine neue Form bringen.

Konkrete Förderungen der Juno/Pluto-Persönlichkeit

- Eine Partnerschaft als Möglichkeit der tiefen Innenschau, der Wiederverbindung mit ihren verdrängten Seiten betrachten und leben

- Eine intensive, leidenschaftliche Partnerschaft an-
  steuern, indem man diese Eigenschaften in sich so
  total wie möglich erweckt und wandelt

- Vorstellungsfixierung und Kontrolle in Beziehungen als Schutzschild vor dem Abgang in ihre unbekannten Gefilden durchschauen und mit diesem
  austauschen

- Sich mit ihrem gesamten Wesen total in eine Beziehung hineinbegeben

- Ausschließlichkeit einbringen und einfordern.

9. JUNO - JUPITER

Juno im Schützen
Juno im 9. Haus
Aspekte zwischen Juno und Jupiter

In dieser Beziehung spielt die höhergeistige Verbundenheit
eine wichtige Rolle. Bildung, Bewusstseinsstand, Lebensphilosophie und das Religionsverständnis sind wesentliche
Verbindungsfaktoren für das Paar. Der Partner muss inspi-
rieren und die Möglichkeit bieten, den Horizont zu erweitern oder einem im Bestreben nach Expansion und geistiger
Weiterentwicklung unterstützen. Dazu sind

Bildungswesen, Religion, Reisen oder ein anderer Auslandsbezug und jede andere Form der geistigen Weite geeignet. Die Beziehung soll Förderung und Erfüllung bieten, Bereicherung und Glück sein. Dazu muss die Juno/Jupiter-Persönlichkeit vor allem in Witwenphasen für sich selbst Großzügigkeit und Selbsterfüllung lernen und die Fähigkeit entwickeln, sich Glück und Lebensfreude zu schenken, um diese Werte auch in einer dementsprechenden Verbindung einbringen und (er)leben zu können.

Die Erwartungshaltung gegenüber den Erfahrungen in der Partnerschaft ist positiv und die Juno/Jupiter-Persönlichkeit ist auf eine Bereicherung in ihrem Leben eingestellt. Sie möchte mit dem Partner ihren Idealismus, ihre geistigen Errungenschaften, Erkenntnisse und Einsichten austauschen. Sie will eine ausgeprägte geistige Verbundenheit und Anregung, wozu sie diese jedoch auch selbst auf Lager haben muss.

In Witwenzeiten könnten Retreats in religiösem/meditativem Umfeld, die Beschäftigung mit den Religionen und Kulturen dieser Welt oder Reisen ins Ausland dazu dienen, sich geistig weiterzuentwickeln und damit eine neue Phase des Beziehungslebens einzuläuten.

Konkrete Förderungen der Juno/Jupiter-Persönlichkeit

- In einer inneren und äußeren Beziehung ihre Erfüllung und eine Seite ihres Lebenssinns erkennen und fördern

- Eine Beziehung auf ähnlichen geistigen Grundsätzen (Weltbild, Religion) aufbauen

- Beziehungen als ihre Art der Bewusstseinserweiterung erfassen und nutzen

- Sich mit dem Partner weiterbilden oder mit ihm Unternehmungen mit Reisen/Auslandsbezug machen

- In Witwenphasen für sich Möglichkeiten finden, um sich selbst (und damit auch dem anderen) Lebensfreude, Erfüllung und Glück zu schenken

- Sich und/oder andere über das Thema Partnerschaft weiterbilden.

10. JUNO - SATURN

Juno im Steinbock
Juno im 10. Haus
Aspekte zwischen Juno und Saturn
Aspekte zwischen Juno und MC

Die Juno/Saturn-Persönlichkeit strebt eine dauerhafte und stabile Beziehung an. Sie will mit dem Partner das Zusammensein auf lange Sicht hin planen und zeigt sich bereit, auch schwierigste Situationen innerhalb der Beziehung durchzustehen. Sie ist in der Lage, ein hohes Maß an Verantwortungsgefühl und Zuverlässigkeit gegenüber dem Partner zu entwickeln, und stellt spontane Gefühle hinter dem Wunsch nach einer Dauerverbindung zurück. Es kann auch das Bedürfnis bestehen, mit dem Partner beruflich zusammenzuarbeiten oder man hat sich mehr und mehr von dem Phänomen Beziehung abgekehrt und geht vollkommen - als eine andere Art der Partnerschaft - in seinem Beruf auf.

Die Erwartungshaltung gegenüber einer Beziehung kann recht negativ sein und es gilt, insbesondere in Witwenphasen die ganz tiefen, alten Wunden des Verlusts und der Zurückweisung nochmals zu betrachten und zu fühlen und sie langsam zu heilen durch die Erkenntnis, dass diese Abwendung von außen nur Spiegel für die Abwendung von einem selbst gegenüber waren. Diese Sichtweise ermöglicht, sich wieder mehr anzunehmen und das geben zu lernen, was man in höchsten Ansprüchen und Erwartungshaltungen immer von außen für sich gewollt hat.

Auch hier liegt der Anfang der Heilung bei sich, verbunden mit einem tiefen Gefühl des Alleinseins und der Einsamkeit, das dazu zwingt, die eigene Liebesquelle zu finden und anzuzapfen, um überleben zu können. Auch die systemischen Hintergründe sind wichtiger Anhaltspunkt und bedürfen der Ordnung und Heilung, falls sich zu viel Härte gegenüber sich selbst und dem Partner als roter Faden durch das ganze Beziehungsleben ziehen sollten - eine gute Therapieform für Witwenphasen, in denen sich auch jede Form der Konzentration und Beschränkung auf das Wesentliche eignet (Ausräumen und aufräumen; sich von allem trennen, das nicht elementar notwendig ist, ZEN).

Konkrete Förderungen der Juno/Saturn-Persönlichkeit

- Ablehnungen von außen als Folge innerer Ablehnung ihrer selbst erkennen und langsam durch

Selbstversorgung heilen

- Menschlichkeit in Beziehungen sich selbst und dem anderen gegenüber entwickeln anstatt zu hohe Ansprüche und Härte walten zu lassen

- Verantwortung und Festigkeit in eine Beziehung einbringen

- Sich als stabiler, verlässlicher Partner zeigen

- In ihrer Form des Partnerseins und der Beziehung eine wesentliche Stütze und ihren Halt für ihr Leben erkennen.

- Eine eigene Struktur und Ordnung für ihr Beziehungsleben finden, sich selbst beziehungsmäßig Autorität und Gesetz sein.

11. JUNO - URANUS

Juno im Wassermann
Juno im 11. Haus
Aspekte zwischen Juno und Uranus

Hier ist eine ungewöhnliche, völlig den Rahmen sprengende Art der Partnerschaft gefragt. Die normalen Wege sind zu ausgetreten, zu langweilig, zu absehbar. Es muss Plötzlichkeit, Abwechslung und Aufregung vorhanden sein und die Beziehung sollte sich durch einen hohen Grad an Unabhängigkeit und Eigenleben außerhalb der Verbindung auszeichnen.

Wichtig ist die Fähigkeit, Abstand zu den Gefühlen und der Zweierbeziehung zu haben und Freundschaften wie auch Gruppenaktivitäten gleichberechtigt neben der Partnerschaft leben zu können.

Eine fixe, einschnürende Begrenzung mit seiner Aufmerksamkeit und Zuwendung auf nur eine Person erscheint zu freiheitsbeschneidend und provoziert einen plötzlichen (Aus)Bruch in der Beziehung. Um diesen zu vermeiden, sollte man freiwillig Sprünge und Freiheiten einbauen, so dass es gar nicht erst zu einer solchen Spannung im Inneren zu kommen braucht.

Die Juno/Uranus-Persönlichkeit will experimentieren, neue Wege finden und hat ihre eigenen Visionen, wie sie in neuartiger Weise eine Partnerschaft offen und freizügig gestalten könnte.

In ihrer Witwenzeit wäre es sinnvoll, innere Selbstbegrenzungen und Tabus aufzudecken, die gerne auf den Partner projiziert werden, und sich von diesen zu befreien.

Konkrete Förderungen der Juno/Uranus-Persönlichkeit

- Sich von normalen Beziehungen fernhalten und ein völlig eigenes, eigenwilliges Beziehungsleben aufbauen

- Abstand zur Partnerschaft halten, bis reale innere Freiheit erreicht ist und sie sich einlassen kann, ohne diese wieder zu verlieren

- Begrenzungen und Freiheitsbeschneidungen als

selbst geschaffen erkennen und nicht länger auf den Partner, der diese nur spiegelt, abwälzen

- Selbst Abwechslung, Spannung, Überraschungen, Durcheinander, Chaos, Aufregung in die Beziehung einbringen und nicht warten, bis endlich der Partner dies tut

- Mit neuen Beziehungsversionen experimentieren.

12. JUNO - NEPTUN

Juno in den Fischen
Juno im 12. Haus
Aspekte zwischen Juno und Neptun

Bei dieser Konstellation besteht ein tiefes Bedürfnis nach Verschmelzung, bedingungsloser Hingabe und Auflösung in einer Beziehung. Diese Sehnsucht wird zwar auf eine Person projiziert, bezieht sich jedoch sehr viel weiter auf eine größere Einheit, letztendlich auf die Göttlichkeit, die wir selbst sind.

Die Juno/Neptun-Persönlichkeit braucht eine alternative, eine ganz andersartige Beziehung, als es das übliche Modell darstellt. Wesentlich ist der Wechsel zwischen vollkommener Verbundenheit und das Sich-Lösen im Alleinsein, um die innere Verbindung wieder zu finden. Oder das Paar versteht und liebt es, in inniger Stille miteinander zu sein, eine Hingabe an die Beziehung zu leben, ohne deshalb seine Grenzen zu verlieren -ein wichtiger und nicht einfacher Entwicklungsprozess.

Die Konstellation führt oft über den Weg einer Helfer/Opfer-Beziehung (der kranke oder anderweitig lebensuntüchtige Partner) oder eine andere Form der Selbstaufopferung und destruktiven Hingabe hin zu einer wirklich umgesetzten Beziehungstraumwelt, einer Beziehungsinsel der Ruhe und tiefen Verschmelzung.

In ihren Witwenphasen sollte die Juno/Neptun-Persönlichkeit erkennen, dass ihre tiefe Sehnsucht der Versorgung und Liebe durch ihre eigene Person, letztendlich durch die göttliche Quelle gilt. Auch der bewusste Anschluss an ihre Ahnenreihe und das Annehmen der Liebe und ihrer Position in der Familie stellen wichtige Voraussetzungen dar, um nicht das Unmögliche, das Alles vom Partner zu erwarten, was er grundsätzlich nicht leisten kann, selbst wenn er wollte.

Sie sollte ganz klar ihre Träume für eine Partnerschaft erfassen und dann zuerst für sich erfüllen, um sie auch später innerhalb der Partnerschaft einbringen zu können.

Konkrete Förderungen der Juno/Neptun-Persönlichkeit

- Sich ein völlig andersartiges Partnerdasein und Beziehungs"modell" entwerfen und verwirklichen

- Ihre Sehnsüchte gegenüber dem Partner auf sich zurücknehmen und sich zuerst selbst erfüllen

- Beziehungsträume klar erkennen und zur Wirklichkeit werden lassen

- Verschmelzung mit dem Partner und Alleinsein

(Verschmelzung mit sich selbst) abzuwechseln wissen

- Ggf. künstlerisches, heilendes, helfendes, soziales Tun und Engagement mit dem Partner.

- Ihre tiefe Sehnsucht nach ewigem Aufgehen im Partner als Projektion erkennen, da sie eigentlich der bedingungslosen göttlichen Liebe gilt. Daher: Öffnung für eben diese, um durch sie immer abgesättigt zu sein und selbst bedingungslos geben zu können.

ÜBUNGEN E

1. Welche Art der aktiven Manifestation würden Sie vorschlagen:

a. Juno im Widder im 8. Haus.

b. Juno im Stier im 5. Haus.

c. Juno in den Zwillingen im 7. Haus.

d. Juno im Krebs im 9. Haus.

e. Juno im Löwen im 10. Haus.

f. Juno in der Jungfrau im 3. Haus.

g. Juno in der Waage im 11. Haus.

h. Juno im Skorpion im 4. Haus.

i. Juno im Schützen im 12. Haus.

j. Juno im Steinbock im 1. Haus.

k. Juno im Wassermann im 2. Haus.

l. Juno in den Fischen im 6. Haus.

Neben diesen vier Asteroiden gibt es weiterhin 12 kleine Asteroiden, die ich hier jedoch nicht weiter ausführen möchte (Ausnahme Chiron, Band 18). Wer sich tiefer in deren Materie einarbeiten möchte, kann dies mit Hilfe des Buches "Das Buch der Asteroiden" von Demetra George tun, aus dem auch das Basiswissen zu den hier dargestellten vier Asteroiden entstammt, tun.
Außer in diesem Buch (ab dem Jahr 1931 bis 2002) sind die Ephemeriden zu Ceres, Pallas, Juno, Vesta, Chiron und Isis (von 1850 bis 2050) in einem Buch des ASTRON-Verlages, Hamburg zu finden. Es ist am einfachsten und für genauere Studien am besten, wenn die Asteroiden in Ihrem Berechnungsprogramm mit aufgenommen sind.

Zuletzt ist zu der Interpretation der Asteroiden nochmals zu erwähnen, dass sie zwar weibliche Energien beschreiben, jedoch natürlich für jeden Menschen zugänglich und entfaltbar sind, für Mann wie Frau.

12. ANALYSE UND SYNTHESE VON LILITH UND DEN ASTEROIDEN VON MADONNA

Geboren am 16.08.1958, 7.05 Uhr EST, Bay City MI

☉	23°06'47	♌
☽	11°32'41	♍
☿	05°39'24 r	♍
♀	00°32'19	♍
♂	15°23'11	♉
♃	26°23'47	♎
♄	19°08'30 r	♐
♅	12°41'41	♌
♆	02°17'58	♏
♇	01°43'09	♍
☊	24°02'12 r	♍
⊗	26°41'03	♍
⚷	19°39'22	♒
☾	19°44'08	♈
Ac	08°15'10	♍
Mc	03°45'10	♊
⚴	10°00'06	♍
⚵	00°44'58	♍
⚶	17°45'42	♌
⚳	12°13'29	♋

| H2 | 01°29'28 | ♎ | H3 | 00°06'48 | ♏ | H11 | 08°57'13 | ♋ | H12 | 10°55'32 | ♌ |

144

I. ANALYSE

Lilith

Im Widder im 8. Haus

Aspekte: Trigon Sonne, Anderthalbquadrat Merkur, Opposition Jupiter, Trigon Saturn, Anderthalbquadrat Pluto, Opposition Nordknoten, Sextil Chiron, Anderhalbquadrat Juno, Trigon Pallas, Halbquadrat MC.

Ceres

In der Jungfrau im 1. Haus

Aspekte: Konjunktion Mond und Merkur, Halbquadrat Jupiter und Nordknoten, Konjunktion AC, Sextil Vesta.

Pallas Athene

Im Löwen im 12. Haus

Aspekte: Konjunktion Sonne, Quadrat Mars, Trigon Saturn, Konjunktion Uranus, Opposition Chiron, Trigon Lilith.

Vesta

Im Krebs im 11. Haus

Aspekte: Halbquadrat Sonne, Sextil Mond, Mars und

Ceres, Halbquadrat Juno.

Juno

In der Jungfrau im 12. Haus

Aspekte: Konjunktion Sonne und Merkur, Sextil Jupiter und Neptun, Konjunktion Pluto, Anderthalbquadrat Lilith, Halbquadrat Juno.

II. SYNTHESE

Als erstes überrascht bei dem Horoskop der Jungfrau-Aszendent, erweitert durch die Mond-Ceres-Konjunktion in der Jungfrau in 1. D.h. hinter den allseits bekannten Auftritten der Planeten in 12, u.a. der Sonne, besteht die Bereitschaft, zu arbeiten und strategisch vorzugehen. Ihren Körper so fit und durchtrainiert zu erhalten und die Vorbereitungen für ihre Konzerte, Musikaufnahmen, Clips und Filme perfekt zu gestalten, kosten sie sicher viel Aufwand und die Bereitschaft, hart dafür zu arbeiten.

In der Show selbst wirkt sie dann authentisch als Löwe-Königin mit allem, was dazu gehört, und ist weit davon entfernt, sich in irgendeiner Weise anzupassen. Davon hält sie auch ihre ebenso kraftvolle Löwe-Venus in 11 ab, voll künstlerischem Überschwang (im Quadrat zur Jupiter/Neptun-Konjunktion in der Waage, wenn auch im 2. Haus).

Der Jungfrau-Mond in 1 gibt der emotionalen und mütterlichen Seite ihrer Weiblichkeit Power und Durchsetzung auf vernünftigem Boden. Beides hat sie als Kind und Jugendliche schon gebraucht, denn ihre Mutter ist an Krebs gestorben, als sie gerade 6 Jahre alt war. Was ihr blieb, war ein streng gläubiger Katholik als Vater, Familienoberhaupt ihrer italienischen Familie.

Sie hatte zwei Jahre lang nach dem Tod ihrer Mutter Angst um ihr eigenes Leben und musste sich jedes Mal übergeben, wenn sie das Haus verließ. Dann kam der größte Verrat: ihr Vater heiratete erneut. Und von da an hat sie endgültig beschlossen und die Notwendigkeit gesehen, ganz alleine zurechtzukommen und auf Niemandes Hilfe angewiesen zu sein (Mond im Quadrat zu Saturn, Saturn im 4. Haus). Sie erklärte sich mit 10 Jahren zum Star und verhält sich seitdem auch so. Sie war frühreif und zeigte sich schon in der Schule, die sie mühsam zu Ende brachte, als rebellisches Energiebündel, das ausschließlich Interesse an allem hatte, was verboten und skandalös war. Besondere Angriffspunkte waren dabei Schule und Kirche. Ihre katholische Erziehung betrachtete sie als Farce. Sie besuchte schon als Teenie eine Schule, um tanzen zu lernen, und der Direktor führte sie in die Welt der Erwachsenen ein (Theater, Tanzbars, Clubs etc.). Ihr wildes Auftreten fiel überall auf. Sie rauchte Haschisch, trug unmögliche Kleider und hatte ihre ersten nicht unerheblichen sexuellen Erfahrungen.

Mit 17 haute sie von Michigan nach New York ab, mit ganzen 35 Dollar in der Tasche. Sie verdiente sich mit Tanzen ihr Geld in einer Gruppe und war 3 Jahre (1982-85) mit einem Produzenten zusammen, von dem sie schwanger wurde. Sie trieb das Kind ab. Ihr Lebensmotto war immer die totale Provokation, der Bruch mit allem, was man als anständig und üblich bezeichnen würde. Sie kennt keine Grenzen in der totalen Selbstdarstellung, immer in absoluter Erotik, gerne von der niedrigsten Sorte dieses Bereichs (sado-maso, Sex in der Kirche etc.). Sie sprengt jede Norm. 1985 heiratete sie zum ersten Mal, Sean Penn, wurde gleich wieder schwanger und treibt wieder ab. Scheidung nach 27

Monaten. Aus der knapp 2-jährigen Ehe mit ihrem Personal Trainer Carlos Leon geht ihre Tochter Lourdes hervor (1996). 2000 wird sie wieder schwanger von Guy Ritchie. Das Kind kommt durch einen Not-Kaiserschnitt zur Welt, nachdem sich die Plazenta abgelöst hatte und damit die Sauerstoffzufuhr für das Baby abgeschnitten war. Guy, den sie im Dezember 2000 heiratete, war die ganze Zeit im Krankenhaus an ihrer Seite. Sicher eine neue Erfahrung für sie. Guy hat auch weiterhin einen beruhigenden, erdenden Einfluss auf sie. Endlich hat sie Jungfrau-Energie um sich für ihren Mond (er hat Sonne-Jupiter-Pluto-Konjunktion in der Jungfrau), ohne dass der Mann langweilig ist (Sonne-Pluto, Löwe-Mars, der sexuell gut mit ihrer Löwe-Power zusammenpasst, Venus-Konjunktion-Merkur in der harmonischen Waage (geistiger Abstand und kompromissbereit) im Trigon zu Lilith, was wieder Verbindung zu ihr herstellt, und eine Juno-Ceres-Konjunktion im Skorpion mit dem Wunsch nach einer festen, intensiven Bindung. Mit seiner Sonne-Jupiter-Konjunktion in einem Erdzeichen bedient er sicher auch zum Teil Madonnas Stier-Mars in 9. Alles sehr heilsam nach der ganzen Anspannung zuvor. Madonna wird - für ihre Verhältnisse - ruhiger und versucht sich als Kinderbuchautorin.

Seit 1998 studiert sie die Kabbalah und nennt sich 2004 Ester nach der Königin im Alten Testament, die die Juden vor der Vernichtung rettete. - Seit 2006 adoptierte Madonna noch 3 Kinder aus Malawi und Mali.

Welche Zusammenhänge gibt es zwischen dieser Kurzbiographie und der Urweiblichkeit im Horoskop der ehemaligen "Queen of Punk"? Als erstes fällt die Konjunktion zwischen der Widder-Lilith in 8 (!) mit dem Südknoten auf, der die karmische Vergangenheit symbolisiert. Das bedeutet, dass Madonna schon mit der Erinnerung absoluter weiblicher Urgewalt in dieses Leben tritt, mit der

Erfahrung und damit dem Selbstverständnis, dass sie mit einer totalen, unkontrollierten Brutalität wie auch Sexualität, die keine Grenzen kennt und jede Tiefe ausloten will, ausgestattet ist.

Sie fühlt sich als schwarze Königin in Reinkultur und wird von dieser Vergangenheit insbesondere in ihrer ersten Lebenshälfte durch und durch geprägt. Den Jungfrau-AC lebt sie dabei als Perfektionistin bzgl. ihres Körpers und ihrer Unternehmungen. Dass der ordentliche Mond noch mit der Jungfrau-Ceres als Versorgerin dabei aufgrund des Quadrats zu Saturn in 4 nicht ausreichend genährt wurde, ist schon gesagt worden. Sie steht alleine mit der Planetenballung in 12 - keiner sieht ihr Wesen und sie schafft sich sicher eine Traumwelt, später eine meditative religiöse Anbindung, aus der heraus sie mit ungeheurer Vitalität (Löwe) agiert, auftritt (Sonne, Merkur, Pluto) und provoziert (Uranus), stets zusätzlich angefeuert von ihrer Löwe-Venus in 11.

r heiliges Feuer mit Vesta im Krebs in 11 sind ihre Kinder, für die sie alles tut, aber bitte unkonventionell und freiheitsorientiert (11. Haus). Pallas Athene, ihre männliche, asexuelle Geisteskraft steht im Löwen in 12, so dass sie sich noch mehr als unabhängige, eigenständige Frau fühlt, die ihre geistige Kraftheimat in der Kabbalah gefunden hat und sich entsprechend völlig frei fühlt von konventionellen Religionen, vor allem dem Katholizismus ihrer Herkunftsfamilie.

Die durchdringendste Wirkung auf ihr Wesen wird aber Lilith haben, deren Saft und Kraft so gewohnt für sie sind und so viel Spaß machen, dass es ihr schwer fällt und erst ab der Ehe mit Guy zu passieren scheint, sich in ihre karmische Richtung zur Waage im 2. Haus zu bewegen. Die Mars/Pluto-geprägte Lilith braucht sie dafür nicht aufzugeben, aber es gilt, ein Spagat herzustellen zwischen weiblicher Allgewalt und dem auch vorhandenen Wunsch nach einer sicheren Beziehung, die auch Erfüllung und Glück für sie bedeutet (Jupiter in der Waage in 2).

13. ANALYSEBOGEN LILITH UND DIE ASTEROIDEN

Die Planeten Mond und Venus reichen für die zunehmende Differenzierung der Weiblichkeit (in der Frau wie auch dem Mann) nicht mehr aus. Als äußere Entsprechung kam es zur Neu- bzw. Wiederentdeckung folgender astrologischer Entsprechungen für die verschiedenen weiblichen Seiten, die durch weitere, sogenannte kleine Asteroiden noch ergänzt werden können.

LILITH ☽

- Radikalität, Totalität, Kompromisslosigkeit
- Vollkommenes (Er)Leben und Auskosten oder totale Abkehr und Ablehnung des jeweiligen Lebensbereiches
- Freiheit und Gleichheit für beide Geschlechter
- Die verschlingende Mutter
- Die Verführerin
- Die so genannte dunkle Seite der Mütterlichkeit
- Wiederkontakt mit den natürlichen Zyklen des Daseins, mit der selbstverständlichen Einheit von Leben und Tod.
- Alles umfassende, gebende Mütterlichkeit, aus der heraus alles geboren wird und in deren Erde hinein auch alles wieder vergeht.

CERES ⚲

- Fruchtbarkeit
- Versorgen, warme Mütterlichkeit
- Loslassen des Hervorgebrachten
- d.h. Erkenntnis, dass Fruchtbarkeit stets auch den Tod dessen, was daraus erwächst, beinhaltet
- Raum schaffen für neue Schöpfung

PALLAS ATHENE ⚴

- Die streitbare, kämpferische Frau
- Keine sexuellen Kontakte, mit Männern auf Du und Du
- Weisheit
- Heilen
- Kunst
- Gesellschaftliches Engagement

VESTA ⚶

- Das heilige Feuer
- Einen Altar errichten
- Arbeit, Lebensdienst
- Löschen des Feuers, innere Reinigung und Erneuerung
- Eigenständigkeit ohne festen Partner
- Freie Sexualität
- Hüten, Feiern und Transformieren des inneren Feuers

JUNO ⚵

- Die Zweierbeziehung
- Die Witwenphase zur Erreichung eines neuen inneren Wachstumszieles als Vorbereitung für die nächste Partnerschaft.

14. FRAGEBOGEN LILITH UND DIE ASTEROIDEN

1. Erarbeiten Sie für sich, Ihren Partner bzw. einen wichtigen Partner in Ihrem Leben (falls Sie gerade alleine leben) und Familienmitglieder nach Ihrer Wahl die Interpretation der Stellung von Lilith, Ceres, Pallas Athene, Vesta und Juno in Zeichen und Häusern sowie deren wesentlichen Aspekte (Konjunktionen, Sextile, Trigone, Quadrate, Oppositionen).

2. Welches sind die grundlegenden neuen Einsichten, die Sie über Ihre eigene Persönlichkeit und die der anderen Personen bezüglich dieser differenzierteren Weiblichkeit gewinnen konnten (jeweils zu Lilith bis Juno)?

3. Haben Sie Pläne für konkrete Umsetzungen dieser Kräfte, Qualitäten und Eigenschaften in Ihrem Leben?

4. Was würden Sie dem Partner und den Familienmitgliedern empfehlen, um ihre Weiblichkeit/weibliche Seite noch mehr, neu oder verändert zu leben.

15. LÖSUNGEN

ÜBUNGEN A   Lilith - der schwarze Mond

1. a. Lilith im Widder im 7. Haus:

Das Bedürfnis nach absoluter und totaler Sexualität und Triebhaftigkeit in die Partnerschaft einbringen, sich als einen solchen Partner zeigen; aber auch innerer Konflikt zwischen der absoluten, fordernden, selbstbezogenen Seite und dem Wunsch, entgegenzukommen, freundlich zu sein, dem Bedürfnis nach Gemeinsamkeit. Sich als Verführer(in) und in Kontakt mit seiner schwarzen Mütterlichkeit schön und anziehend finden und daher diese Qualitäten auch für seine Attraktivität entfalten.

b. Lilith im Stier im 4. Haus:

Das Bedürfnis nach absolutem Reichtum oder dem Rückzug auf das materiell Allernotwendigste schlägt sich in erster Linie in der Versorgung seines inneren Kindes, seiner Art der Familie und des Wohnens wie auch der Ernährung nieder. Wunsch nach absoluter Sicherheit im emotionalen Bereich oder Abwendung von äußerer gefühlsmäßiger Sicherheit hin zur absoluten inneren Selbstversorgung.

c. Lilith in den Zwillingen im 8. Haus:

Wiederkontakt finden zu seinen verdrängten Seiten seiner Mütterlichkeit über die Sprache, Reden. Lesen, Schreiben, jede Form der Kommunikation, die Ansammlung und Weitergabe entsprechenden Wissens (z. B. Tiefenpsychologie). Sprache als (Selbst)Therapie, um eine Wiederverbindung mit dem Unbewussten herzustellen, insbesondere seiner weiblichen Seite.

d. Lilith im Krebs im 11. Haus:
Tief in die innere dunkle Seite seiner Seele vordringen, z.
B. mit unkonventionellen Methoden oder Gruppentherapie,
und gleichzeitig die Fähigkeit zu besitzen, wieder Abstand
dazu zu gewinnen. Ungewöhnliche Art der Weiblichkeit,
der Familie, des Wohnens und der Ernährung finden; sich
von der traditionellen Mutterrolle radikal abgrenzen und einen völlig eigenwilligen Weg finden, sich und andere zu
umsorgen und Geborgenheit zu vermitteln.

e. Lilith im Löwen im 2. Haus:
Die stolze, schwarze Königin (auch im Mann), die daher-
schreitet, in Reichtum und voll sinnlicher Lust und Genuss-
fähigkeit. Sich sicher fühlen und ggf. sein Geld damit verdienen, dass man seine stolze, kreative, schwarze Mütter-
lichkeit/Weiblichkeit an den Tag legt. Radikal ihren Umgang mit Kunst, Kindern, Schöpferkraft und Umsetzung ihrer Einzigartigkeit durchziehen; sich ein schwarzes Denkmal setzen und damit Geld verdienen und sich abgrenzen.

f. Lilith in der Jungfrau im 3. Haus:
Extreme Analysen mit allen Methoden und Mitteln, um
Dingen mit Hilfe von Wissen und Intellekt auf den Grund
zu gehen; radikale Meinungen vertreten und in seinen Arbeitsbereich einfließen lassen; radikale Arbeitsmethoden;
absolute Gleichberechtigung und Gleichstellung von Mann
und Frau, wie auch innerhalb der Arbeiterschaft (im Ver-
hältnis Arbeitnehmer/Arbeitgeber) durch Wort und Schrift
einfordern.

g. Lilith in der Waage im 12. Haus:
Lösung von jeder Form der üblichen Beziehungsform und
der konventionellen Sichtweise von Schönheit und Attraktivität. Abwendung von der Weiblichkeit der üblichen
Beauty und Freundlichkeit. Schaffung einer alternativen,

fordernden Beziehungsart; sich fallen lassen in seine
dunkle Seite der weiblichen Seele; seine schwarzen Phantasien und Träume in einer Beziehung ausleben; Gegensatz
zwischen radikaler Echtheit und Wunsch nach Kultiviertheit auszugleichen lernen.

h. Lilith im Skorpion im 10. Haus:
Drang, ohne jede Wertung und völlig tabulos die inneren
Abgründe und Geheimnisse zu erforschen und wieder ins
Bewusstsein zu heben sowie dies in die berufliche Tätigkeit
einfließen zu lassen oder aber als eine solche Persönlichkeit
in der Öffentlichkeit zu stehen. Reintegrationsarbeit insbesondere bzgl. der dunklen Weiblichkeit als seine Berufung
betrachten. Konflikt zwischen Wandlungsdrang durch den
Wiederkontakt mit dem Unbewussten und dem Bestreben
nach Stabilität und Festigkeit.

i. Lilith im Schützen im 6. Haus:
Eine Lebensphilosophie, die auch die Schattenseiten des
Menschen mit einbezieht, zu seinem Arbeitsfeld machen;
Heiligkeit (Religion) und Prostitution verbinden auch mit
Hilfe seines analytischen Geistes und seiner Art des Arbei-
tens. Mit einem Weltbild, in dem Gerechtigkeit zwischen
Hell und Dunkel herrscht, seinen Dienst leisten.

j. Lilith im Steinbock im 7. Haus:
Eine völlig eigene, von der Norm abweichende Form der
Gesetzmäßigkeiten des Lebens, des sich selbst Gesetzseins,
der Fähigkeit, seine eigene Autorität darzustellen, finden
und verwirklichen, insbesondere in Bezug auf Partnersein
und Beziehungsart; feste, intensive, absolut leidenschaftliche Partnerschaften aufbauen und dauerhaft leben; extrem
hohe Ansprüche an sich und den anderen als Partner; alles
geben und haben wollen.

k. Lilith im Wassermann im 9. Haus:
Sich vollkommen von der gewöhnlichen Religiosität, Bildung und Lebensphilosophie abwenden und für sich eine neue, visionäre, auf Gemeinschaftssinn und Freundschaftlichkeit beruhende schaffen. Freiheit und Ungebundenheit zu seiner absoluten Lebensphilosophie machen. Sich in einer Gruppe oder mit Freunden in absoluter, intensiver Weise, unter Einbeziehung seiner dunklen Weiblichkeit und deren Kräfte/Rituale weiterbilden, -entwickeln, sein Bewusstsein erweitern.

l. Lilith in den Fischen im 5. Haus:
Höchste Kreativität und Phantasie, um aus seinem schwarzen Inneren zu schöpfen und dieses darzustellen und zu präsentieren.

ÜBUNGEN B   Ceres

1.a. Ceres im Widder im 5. Haus:
Impulsives, forsches, direktes Versorgen mit Kreativität und seinen Werken, die die Einmaligkeit ausdrücken und präsentieren; ständig neue Art des schöpferischen Ausdrucks, dessen Ergebnis auch schnell wieder losgelassen werden kann. Sich als aktive, dynamische, initiative, eigenständige und souveräne Mutter sehen und entfalten; Menschen mit Lebendigkeit, Antriebskraft und Kampfgeist umsorgen.

b. Ceres im Stier im 10. Haus:
Sich und andere mit Sicherheit, materiellen Werten, Sinnlichkeit und Stabilität versorgen. Die reiche, zuverlässige, genussfreudige Mutter, die sich selbst finanziell abgesichert hat und über eigenes Eigentum und die Kenntnis und

Umsetzung ihrer Berufung verfügt; Geld verdienen durch Tätigkeiten, die Ordnung und Struktur schaffen; Lernen, Hervorgebrachtes loszulassen, auch wenn es gegen das starke Streben nach Sicherheit, Festigkeit und Dauerhaftigkeit geht.

c. Ceres in den Zwillingen im 6. Haus:
Mit Wissen, Gesprächsstoff, geistiger Leichtigkeit und Neutralität, mit Unterhaltungen versorgen, besonders im Bereich Alltag, Arbeit und Gesundheitsbewusstsein; mit Wissen in fürsorgender Weise seinen Dienst leisten; die rationale, intellektuelle, geistig orientierte Mutter; Wissen mit Vernunft und Analyse sowie dem Nützlichkeitsprinzip verbinden und damit andere umsorgen. Seine Werke mit Hilfe des Verstandes und seines Wissens wieder loslassen können.

d. Ceres im Krebs im 12. Haus:
Die liebevolle, hingebungsvolle Mütterlichkeit, die sich aus den normalen Ansprüchen an das Mutterdasein und die Fürsorge anderer gelöst hat und ein eigenes, andersartiges Leben in der Funktion der Versorgerin führt; mit sozialen, helfenden, heilenden oder künstlerischen Tätigkeiten sich und anderen Geborgenheit schenken; trotz der Verschmelzung mit seinen Werken und den Ergebnissen seiner Fruchtbarkeit lernen, sie auch wieder bereitwillig loszulassen.

e. Ceres im Löwen im 2. Haus:
Die eigenständige, selbstbewusste, kreative Mütterlichkeit, die diese Gaben in Geld und Sicherheit umsetzen und sich damit abgrenzen kann; ihre Werke sind Eigentum, Finanzen, Geld, greifbare Güter, an denen sie sehr festhält, aber lernen muss, sie mit Gelassenheit loszulassen. Die sinnliche, genussfreudige Königin, die mit ihrer Einzigartigkeit

versorgt und auch andere in der Entfaltung ihrer Besonderheit unterstützt; eigenes Unternehmen mit Themenbereich Fürsorge, Kinder, Ernährung oder Immobilien, Sicherheitsbereich.

f. Ceres in der Jungfrau im 11. Haus:
Die freiheitsliebende, unkonventionelle, ungebundene Mütterlichkeit, die sich im Dienst einer Sache sieht bzw. ihre Art der Mütterlichkeit und des Bezugs zu Kindern, Familie, Ernährung zu ihrer Arbeit macht. Koppelung von Freiheitsdrang mit der erdigen Vernunft und ihrem Nützlichkeitsstreben; plötzliches Loslassen des Hervorgebrachten, ohne Vernunft und Strategie ganz aus den Augen zu verlieren.

g. Ceres in der Waage im 9. Haus:
Die auf Attraktivität und Harmonie bedachte Mütterlichkeit, mit Bildung, Bewusstheit und eigenem Weltbild; beziehungsfreudig, kompromissbereit und in ständigem Streben nach Expansion und Weiterentwicklung; sich selbst und andere mit Weisheit, Lebensfreude, Sinn und Erkenntnissen versorgen; mit der Fähigkeit zu Schlichtung und Schaffung von Ausgleich sich emotional einbringen; Hervorgebrachtes mit Hilfe seiner Lebensphilosophie wieder loslassen können.

h. Ceres im Skorpion im 3. Haus:
Die kluge, wissende, redefreudige Mütterlichkeit mit Intensität und Leidenschaft; Fähigkeit zu geistigem Tiefgang. In Gesprächen den Dingen schonungslos auf den Grund gehen und damit mit Wahrheit, Echtheit und Wiederverbindung zu dem Abgespaltenen, Unbewussten versorgen; sich um andere kümmern heißt: durch Gespräche, Reden, Schreiben, Informationen sie auf den Urgrund ihres Wesens bringen, sie hinab begleiten in ihre verborgenen Wesensanteile.

i. Ceres im Schützen im 1. Haus:
Die weise, gebildete, dynamische, tatkräftige, kämpferische Mütterlichkeit; andere mitreißen, begeistern können, vom Sinn des Lebens, von ihrer Lebensphilosophie aktiv überzeugen wollen; mit neuartigen Formen der Bildung und Bewusstseinserweiterung oder anderen Arten der Expansion versorgen; sich mit dieser Art der Fürsorge (z. B. auch Bildung für Kinder; Bildungsmaßnahmen zum Thema Kinder, Ernährung, Heim, Familie) durchsetzen.

j. Ceres im Steinbock im 4. Haus:
Die ordnungsliebende und -gebende, disziplinierte, zuverlässige und leistungsorientierte Mütterlichkeit; Stütze sein für Kinder (auch das innere) und Familie; andere durch Stabilität, Verantwortungsbewusstsein und konkrete Leistungen versorgen; das fürsorgliche Element zur Berufung/beruflichen Tätigkeit werden lassen; Konflikt zwischen Beruf/Ehrgeiz/Realitätssinn und der emotionalen Seite.

k. Ceres im Wassermann im 7. Haus:
Mit Aufregung, Spontaneität, Abwechslung, Überraschungen und unkonventionellen Verhaltensweisen den Partner bzw. die Mitmenschen allgemein versorgen; die chaotische, unberechenbare, freie, ungebundene Mütterlichkeit mit Sinn für Stil und Schönheit, allerdings ungewöhnlicher Natur.
Das versorgende Element zeigt sich besonders in der Beziehung, die man mit Abstand, mit einem hohen Maß an Unabhängigkeit führen möchte.

l. Ceres in den Fischen im 8. Haus:
Die einfühlsame, phantasievolle, leidenschaftliche Mütterlichkeit; mit Hingabe, Verschmelzung, Auflösung dem anderen Geborgenheit vermitteln, desgleichen durch das

(gemeinsame) Hinabgehen/-gleiten in die dunklen, verborgen liegenden Seelenanteile; Heilung schenken durch die Hilfe, wieder in Verbindung mit diesen zu gelangen; intuitives Erforschen und Erfassen von Unbewusstem, Verdrängtem. Transformation durch Meditation.

ÜBUNGEN C   Pallas Athene

1. a. Pallas Athene im Widder im 9. Haus:
Direkter, impulsiver Kampf; mutige Initiativen im Bildungswesen, im Bereich von Expansion und Bewusstseinserweiterung, Reisen, fremde Kulturen, Religion, Ausland; hohes Potenzial für geistige Einsicht, Erkenntnis und Weisheit. Glück und Erfüllung durch Tatkraft, Aktivität und Körperlichkeit; Heilung durch bewusstseinserweiternde Körperarbeit.

b. Pallas Athene im Stier im 4. Haus:
Kampf für Sicherheit, Eigentum, materielle Werte wie auch Familie, Heim, Heimat und Kinder (oder gegen diese Themen in ihrer normalen Form). Kampf aus dem Bauch heraus und in Hinblick auf Sicherheit und Abgrenzung; Weisheit entsteht aus der Erd- und Naturverbundenheit, aus dem eigenen Inneren, seiner Gefühlswelt; Heilen durch Gefühl, Liebe, Kontakt mit dem inneren Kind und dem Stillen von dessen Bedürfnissen; Heilung durch Hingabe an Genussfreude und Sinnlichkeit; Grenzen ziehen mit Hilfe seiner Familie, seiner Art des Wohnens.

c. Pallas Athene in den Zwillingen im 10. Haus:
Kampf mit Wort und Schrift, in Gesprächen, mit Hilfe von Kontakten und Kommunikation im beruflichen und gesellschaftlichen Bereich; Kampf durch gezielte, geplante

Worte, indem man sich beim verbalen Streit auf das Wesentliche beschränkt und nach Ernsthaftigkeit und Effektivität strebt; Weisheit durch Ansammlung von Wissen und durch sprachlichen Austausch, besonders im Beruf oder in der Öffentlichkeit; Weisheit durch eine eigene Ordnung und das Entwickeln seiner eigenen Autorität.

d. Pallas Athene im Krebs im 7. Haus:
Kampf für seine Gefühle, Heim, Heimat und Familie bzw. Kampf dagegen; Kampf aus dem Bauch, aus dem Gefühl heraus besonders innerhalb von Partnerschaft. Einfließenlassen der kämpferischen Seite in die Beziehung; Erkenntnisse aus der eigenen Innen- und Gefühlswelt erlangen und in dem Zusammensein mit dem Partner. Ausgeprägte künstlerische Neigungen; Heilung durch Wiederkontakt mit dem inneren Kind und die Befriedigung seiner Wünsche sowie durch Bewusstwerdung und Bearbeitung seiner Beziehungsmuster; Kampf in der Gesellschaft für den eigenständigen Umgang mit Familie, Kindererziehung und Partnerschaft.

e. Pallas Athene im Löwen im 1. Haus:
Eine brüllende Löwin im Kampf. Sehr hoher Aktivitäts- und Triebpegel; hohe Eigenständigkeit und Dynamik; Initiativen starten für ein eigenes Unternehmen und zur Umsetzung seiner Einzigartigkeit. Weisheit und Einsichten gewinnen durch Durchsetzung, Initiativen und kämpferische Selbstbehauptung, durch die Präsentation seiner besonderen Qualitäten und Eigenschaften; Heilung durch Kunst- und/oder Körpertherapie; künstlerische Fähigkeiten, besonders im körperlichen Bereich, z. B. Tanz.

f. Pallas Athene in der Jungfrau im 11. Haus:
Strategischer Kampf, von Vernunft und Nutzungsdenken bestimmt, für seine Freiheit, seine Visionen, seinen

Ausbruch aus zu festen Lebensstrukturen. Kampf in seinem Arbeitsbereich für mehr Gleichberechtigung und neue Methoden. Kampf in der oder für die Gemeinschaft (Freunde, Gruppe Gleichgesinnter, Gesellschaft). Erkenntnisse durch Analyse, Arbeit, plötzliche Eingebungen und Gedankenblitze erhalten; stark ausgeprägtes Gesundheitsbewusstsein mit Hang zu neuen, unkonventionellen Heilmethoden; Kunst mit neuester Technik, Verrücktheit, Chaos, new wave, aber dennoch mit dem Blick auf Nützlichkeit und Anwendbarkeit.

g. Pallas Athene in der Waage im 3. Haus:
Kampf durch Diplomatie, Freundlichkeit und Entgegenkommen. Kampf mit Hilfe des Partners oder innerhalb der Partnerschaft. Mittel: Kommunikation, Wissen, Worte, Informationen, Diskussionen, Austausch, Reden, Artikel, Bücher, Lernen. Der Kampf findet hauptsächlich auf geistiger Ebene statt; Weisheit und Erkenntnis in der Gemeinsamkeit mit anderen, im Gespräch, durch entsprechende Lektüre und Wissensansammlung gewinnen; Heilen durch Atem- und/oder Gesprächstherapie; durch geistiges Durchdringen der Beziehungsmuster; gesellschaftlicher Kampf durch Wort und Schrift zum Thema Beziehung, aber auch Schönheit und Attraktivität.

h. Pallas Athene im Skorpion im 2. Haus:
Zäher, verbissener, vorstellungsfixierter Kampf für Sicherheit, Eigentum und Abgrenzung. Hohes Maß an Gelüsten und Sinnlichkeit. Konflikt zwischen Trieb nach Sicherheit und Drang nach Wandlung und Veränderung. Einsichten gewinnen durch Tiefgang, Intensität und Leidenschaft, insbesondere im Umgang mit materiellen Gütern, dem Sicherheitsbedürfnis und seinen Genussfreuden; Heilung durch Reintegration verdrängter Inhalte und den Aufbau eines realen Selbstwertes.

i. Pallas Athene im Schützen im 12. Haus:
Hohes Maß an geistiger Einsicht, Erkenntnis, Weisheit und
Religionsverständnis insbesondere durch die Verbindung
mit einer höheren Einheit, durch seine Phantasie und Intuition, durch die Umsetzung seines Andersseins, durch Leben seiner helfenden und heilenden Seite. Alternative Formen der Religion, Bildung und Bewusstseinserweiterung.
Heilung durch Bewusstseinserweiterung und Wiederverbindung mit einer höheren Einheit. Kampf mit Hilfe von
Einsicht, Bildung, Intelligenz, Phantasie, Einfühlungsvermögen, Intuition, mit Hilfe andersartiger, mehr indirekter
Waffen.

j. Pallas Athene im Steinbock im 5. Haus
Kampf mit Planung, Zielstrebigkeit, Ehrgeiz und auf lange
Sicht hin ausgelegt, mit Ausdauer, Geduld und Disziplin
wie auch Kreativität, Selbständigkeit, Selbstbewusstsein
und ganz individuellen Methoden; Kampf in/für/gegen die
Gesellschaft als Akt der schöpferischen Selbstdarstellung,
der Präsentation seiner Besonderheit. Weisheit durch lang-
jährige Erfahrung, durch den Aufbau einer eigenen Autorität bzgl. seines Selbst, seiner Art der Selbstentfaltung und
seines Selbstausdrucks; Heilung durch sehr erdverbundene
Methoden, durch Kunsttherapie, z. B. Bildhauerei, Plasti-
ken, Gips.

k. Pallas Athene im Wassermann im 8. Haus:
Der Überraschungsangriff, der aus dem Verborgenen
kommt; Kampf mit ungewöhnlichen, neuartigen Methoden
und Extremismus, Besessenheit, Verbissenheit, Intensität
und Leidenschaft, in tiefem Kontakt mit den aufgedeckten
dunklen Seiten in sich; Einsichten mit Hilfe von Gedankenblitzen, plötzlichen Eingebungen, völlig neuen, visionären
Sichtweisen, mit Hilfe von tiefer Verbundenheit mit seinen
tiefen Abgründen, mit seiner Macht und Wirkkraft.

Heilung durch Reintegration sowie der Fähigkeit des Bruchs mit alten, überholten Lebensweisen oder neuester Technik. Kämpfen für mehr Gleichberechtigung, Gleichheit und gerechte Machtverteilung in der Gesellschaft.

l. Pallas Athene in den Fischen im 9. Haus:
Kampf ohne direkte Waffen, ohne Aktivität und Tatkraft, eher nach dem Motto: stetes Wasser höhlt den Stein, unter Einsatz von Phantasie und andersartigen Methoden, mit Hilfe von alternativer Bildung, Einsicht, einem weiten Bewusstsein und der Fähigkeit zu positiver Lebenshaltung und Erfüllung. Weisheit und Erkenntnisse durch Bildung, andersartige Bewusstseinserweiterungsmethoden, durch Verbundenheit mit fremden Kulturen und Religionen; Heilung durch Bewusstseinserweiterung.

ÜBUNGEN D   Vesta

1.a. Vesta im Widder im 5. Haus:
Initiativen ergreifen in bzw. sich durchsetzen mit seiner Arbeit in einem kreativen, künstlerischen, eigenständigen (unternehmerischen) Bereich; seinen Lebensdienst in körperlichen Tätigkeiten oder einer Pionierarbeit sehen, die genutzt werden, um seine Einzigartigkeit zu präsentieren. Ergebnisse der Selbstentfaltung gehören zum Lebensdienst; der Altar/das heilige Feuer heißt kreative körperliche Tätigkeit, besondere Initiativen als Grundlage für Arbeit und Dienst. Sex, Körperlichkeit; Erneuerung durch Körperarbeit oder Sex, Sport, wo die Individualität zum Ausdruck kommt. Eigenständigkeit ohne festen Partner: mit Hilfe von Körperaktionen, Tatkraft, Durchsetzungsvermögen, Pilotprojekten in kreativer, eigenständiger, souveräner Weise; freie, ganz individuelle Sexualität, hoher

Triebpegel.

b. Vesta im Stier im 7. Haus:
Heiliges Feuer: die sichere Beziehung, Fähigkeit zu einer stabilen, genussvollen Partnerschaft; Lebensdienst: in Gemeinsamkeit, im Einsatz von Freundlichkeit und Kompromissbereitschaft, im Schaffen von sicheren Werten, Eigentum und einem realen Eigenwert. Arbeitsbereich in Partnerangelegenheiten, Schönheit, Mode, Attraktivität in erdverbundener, finanzorientierter Weise; Eigenständigkeit ohne Partner: sich selbst ein sicherer Partner werden, mit dem alle Genüsse und Sinnlichkeiten auch alleine machbar sind. Sehr genussvolle Sexualität, mit Rücksicht und besonderer Beachtung der Wünsche des anderen.

c. Vesta in den Zwillingen im 8. Haus:
Altar: tiefgehende, bohrende, erforschende, das Hinterste ergründende Kommunikation und Betrachtung von Sachverhalten in Wort und Schrift; Lebensdienst: Ansammlung von Wissen und verbaler Austausch zur Aufklärung, zur Aufdeckung von Verborgenem, Verdrängten, zur Reintegration, zur tiefen Verbundenheit mit den menschlichen Abgründen; innere Reinigung: von geistigen Vorstellungen und Verbissenheit, Fixierungen bzgl. seines Denkens, Meinens und Redens; innere Reinigung auch durch unkontrolliertes Schreiben seiner Gedanken und Phantasien, um tief in sich eindringen zu können. Eigenständigkeit ohne feste Bindung: mit Hilfe von Wissen sowie sprachlicher und verbaler Fähigkeiten, mit denen tiefe innere Erforschung und Reintegrationsarbeit betrieben wird. Sexualität: entweder stark kontrolliert und als Machtinstrument aus Angst, oder aber Loslassen, Kontrolle verlieren und sich in seiner Leidenschaft und Intensität verlieren, was durch entsprechendes Denken und vor allem Reden verstärkt wird.

d. Vesta im Krebs im 2. Haus:
Heiliges Feuer: eine sichere Wohn-, Familien-, Gefühlssi-
tuation; sichere Finanzen mit Hilfe einer Tätigkeit im Ver-
sorgungs-, Kinder-, Familien-, Wohnbereich. Lebensdienst, Arbeit: Heilung des inneren Kindes mit Hilfe eines
realen Eigenwertes und materieller Sicherheit sowie seines
Abgrenzungsvermögens; Arbeit mit Kindern, im Ernäh-
rungs- oder Wohnbereich, Immobilien, in der Fürsorge für
Hilfsbedürftige. Innere Reinigung: emotionale Verbindungen, die nur noch auf Sicherheit beruhen, loslassen. Eigenständigkeit ohne feste Beziehung: Innere-Kind-Arbeit, eigene finanzielle Versorgung, realer Eigenwert besonders
im emotionalen Bereich; Sexualität: sehr emotional und si-
cherheitsorientiert, daher nicht so frei und ungebunden.

e. Vesta im Löwen im 12. Haus:
Heiliges Feuer: künstlerische Kreativität; Helfen, Heilen,
Soziales, Alternatives im eigenen Unternehmen umsetzen
bzw. in diesen Bereichen seine Einzigartigkeit präsentieren; Lebensdienst: dasselbe; innere Reinigung: Träume
herausfinden und in kreativen Ausdruck münden und sichtbar werden lassen. Kreativität, Eigenständigkeit, Selbstbewusstsein und Unternehmertum für eine höhere Aufgabe
zum Einsatz bringen; Eigenständigkeit ohne feste Bindung:
kreative, künstlerische Arbeit; selbständiger Betrieb mit
Neptunthematik gründen und/oder managen. Sexualität:
Verschmelzung, Hingabe, sehnsuchtsvoll, hoher Triebpegel.

f. Vesta in der Jungfrau im 11. Haus:
Heiliges Feuer: Arbeit, zukunftsorientiert, unkonventionell, freiheitliche Basis, neu und/oder im Team. Lebensdienst: Arbeit, Analyse, Nutzbarmachung, Verwertung,
Gesundheitsbewusstsein, ausgeübt in einer Gemeinschaft
oder mit völlig neuartigen Methoden und Techniken, zur

Verbesserung von Freiheitsgrad und Gleichberechtigung/Gleichheit. Innere Reinigung (Löschen des Feuers): Psychohygiene, Bäder, Sauna, Fasten; mit Vernunft seine plötzlichen Eingebungen und den Drang nach Bruch mit der Vergangenheit betrachten und strategisch vorbereiten. Eigenständigkeit ohne feste Bindung: seine Arbeit finden und darin aufgehen, darin seine Unabhängigkeit finden; Sexualität: frei, unkonventionell, aber auch nach Ratio und Sauberkeitsbedürfnis ausgerichtet.

g. Vesta in der Waage im 4. Haus:
Heiliges Feuer: gefühlsgetragene Beziehung; Freundlichkeit und Rücksicht in der Familie/Wohnsituation; Lebensdienst: Gefühl und Verständnis, Wärme und Fürsorge in Partnerschaften und Begegnungen mit den Mitmenschen einbringen; Schönheitssinn und Wohnen/Bauen/Ernährung/Kleidung verbinden. Arbeit im versorgenden Bereich mit der Fähigkeit, Schönheitssinn und Schlichten/Vermitteln einfließen zu lassen. Partner- und Familientherapie; innere Reinigung: Heilung des inneren Kindes durch eine kultivierte, versöhnliche, freundliche Umgebung, den Aufbau einer Partnerschaft - zuerst in sich und dann außen. Alte, unbewusste Beziehungsmuster erfassen und wandeln. Eigenständigkeit ohne festen Partner: eine emotionale, sehr heimelige, Geborgenheit schenkende Beziehung zu sich aufbauen; die innere Basis mit Hilfe von Waage-Qualitäten errichten. Sexualität: gefühlvoll, am anderen, an sanfter, einfühlsamer Liebe orientiert.

h. Vesta im Skorpion im 6. Haus:
Heiliges Feuer: Tiefenanalyse; Erforschung der inneren Abgründe durch Analyse, in seiner Arbeit; Lebensdienst: Dingen exzessiv auf den Grund gehen ohne Wertung und Tabus mit Hilfe seines analytischen Geistes und der Fähigkeit, die Begebenheiten bestmöglich zu nutzen; Forschung

und leidenschaftlicher Tiefgang, Verbindung zur dunklen Seite des Lebens zu seiner Arbeit machen; innere Reinigung: von Besessenheit in der Arbeit und Analyse, in der Detailverhaftung und seinem Perfektionismus, von seinen fixen Vorstellungen im Arbeitsbereich; Eigenständigkeit ohne Bindung an feste Partner: seine innere Finsternis analysieren, bis in den kleinsten Winkel durchkämmen und damit Reintegrationsarbeit leisten; Sexualität: total, hygienisch, unkontrolliert (oder mit Macht- und Kontrollaktionen bei Angst vor seiner unbekannten Tiefe).

i. Vesta im Schützen im 1. Haus:
Heiliges Feuer: neue Arten der Bildung, der Weiterentwicklung, der Bewusstseinserweiterung, der Religion, der Erfüllung sowie die Durchsetzung damit. Lebensdienst: Initiativen, Pilotprojekte in besagten Gebieten starten und diese durchsetzen, andere davon begeistern und überzeugen; innere Reinigung: von Arroganz und Überheblichkeit. Eigenständigkeit ohne festen Partner: Bewusstseinserweiterung durch Körperarbeit, Sex, Sport, Bewegung; Körperlichkeit als Erfüllung erkennen; Sexualität: hoher Triebpegel mit Begierde nach Lebensfreude und Glück durch die körperliche Lust und Vereinigung.

j. Vesta im Steinbock im 3. Haus:
Heiliges Feuer: Ernsthaftigkeit im Gespräch, im Denken und Entscheiden; Wissen, Kommunikation, sprachliche und geistige Fähigkeiten zu seinem Beruf/Berufung machen. Lebensdienst: Wissensgebiete zum Wesentlichen zusammenfassen, auf den Boden der Realität und Anwendbarkeit bringen; Ordnung in Gedankengebäude und verbalen Austausch bringen; Lehren. Innere Reinigung: von alten, überholten Sichtweisen und Meinungen, die nur noch aus Stabilitätsgründen aufrechterhalten werden. Eigenständigkeit ohne feste Beziehung: sich ein geistiges Rückgrat

(eigene Meinung, viel Arbeit zur Ansammlung von Wissen, konzentrierte geistige Arbeit leisten) aufbauen; Sexualität: konventionell oder nach eigenen Maßstäben, durch geistige Verbundenheit und Worte stimuliert.

k. Vesta im Wassermann im 9. Haus:
Heiliges Feuer: geistige Weite und Freiheit; Luftschlösser jeder Art; Lebensdienst: Bruch mit altem Religionsverständnis, Bildungswesen; stattdessen völlig neuartige, unkonventionelle, auf Gleichheit und Freiheit basierende Modelle aufzeigen; Lebensphilosophie entwickeln, die die Freiheit und Gleichheit des Menschen als Grundlage hat; neue Bildungssysteme und -möglichkeiten wie auch Methoden zur Bewusstseinserweiterung entwickeln; innere Reinigung: von geistiger Arroganz. Eigenständigkeit ohne festen Partner: eigenes, freiheitliches Weltbild und Religionsverständnis; Erfüllung in Freunden und Gemeinschaften erkennen und sich geben; Sexualität: frei, ungewöhnlich, mit Abstand, erfüllend.

l. Vesta in den Fischen im 10. Haus:
Heiliges Feuer und Lebensdienst: der helfende, heilende, soziale, alternative oder künstlerische Beruf, sich an seinen Beruf/seine Berufung hingeben; seine Träume und Sehnsüchte in die Realität umsetzen; sein Anderssein geplant und gezielt ehrgeizig verwirklichen und ggf. zu seinem Beruf machen; innere Reinigung: von alten Träumen, die in dieser Form nicht umsetzbar sind oder die nicht mehr zur derzeitigen Persönlichkeit passen. Eigenständigkeit ohne festen Partner: durch Hingabe an seinen Beruf, durch die Auflösung zu eng und starr gewordener Lebensstrukturen, durch Realisierung seiner Sehnsüchte. Sexualität: feste Ordnung und Struktur, eigene Maßstäbe, Verschmelzung, Auflösung im Wechsel mit All-ein-sein.

ÜBUNGEN E   Juno

1.a. Juno im Widder im 8. Haus:
Eine sehr peppige, dynamische, auf Aktivität und Ausleben
der Triebkraft abzielende Beziehung, in der totale Leidenschaft, Tiefgang und Ausschließlichkeit im Vordergrund
stehen.
Witwenphase: mutiges Hinabgehen in die finstere innere
Welt, um durch Reintegration ein weiteres Stück ganzer
und heiler für die nächste Beziehung zu sein und diese noch
intensiver leben zu können.

b. Juno im Stier im 5. Haus:
Eine sichere, genussvolle, sinnliche Beziehung, in der
Selbstentfaltung und eine individuelle Gestaltungsweise
der Partnerschaft wesentlich sind, in der materielle Sicherheit und Abgrenzung durch die Umsetzung seiner Einzigartigkeit oder ein gemeinsames Unternehmen erreicht wird.
Witwenphase: sich von Verbindungen lösen, die nur noch
aus reinen Sicherheitsgründen aufrechterhalten werden,
sich Eigenständigkeit und Selbstbewusstsein durch Entwicklung seiner einmaligen Qualitäten erwerben.

c. Juno in den Zwillingen im 7. Haus:
Eine Beziehung, in der geistige Verbundenheit und ein re-
ger sprachlicher Austausch im Mittelpunkt stehen; ständi-
ges Erwecken der geistigen Neugierde des anderen, ihm
mit Wissen und Informationen, mit allen Wegen der Kommunikation, mit Reden und Zuhören seine Zuneigung zeigen, dabei Kultiviertheit und Freundlichkeit, Friedenswille
und Entgegenkommen zeigen.
Witwenphase: neues Wissen, z. B. über Partnerschaft oder
Attraktivität aneignen, sich bei Bedarf eigene Gesprächspartner suchen.

d. Juno im Krebs im 9. Haus:
Sehr gefühlvolle, gefühlsorientierte Beziehung, in der das Vermitteln von Geborgenheit ein wesentlicher Faktor darstellt, ebenso wie die höher geistige Verbindung bezüglich der Themen Religion, Weltbild, Bildung, Bewusstheit; Erfüllung finden in der Beziehung.
Witwenphase: Heilung des inneren Kindes, insbesondere durch Horizonterweiterung, Reisen und sich selbst Erfüllung geben.

e. Juno im Löwen im 10. Haus:
Beziehung in Stabilität, nach eigenen Gesetzen, aus dem eigenen Rückgrat heraus, in individueller Weise, in der Kreativität und die gegenseitige Unterstützung in der Selbstentfaltung von großer Bedeutung sind.
Witwenphase: Heilung der Wunde der Ablehnung (letztendlich durch sich selbst) mit Hilfe seiner kreativen Kräfte, der Umsetzung seiner Einzigartigkeit, des Ausbaus seiner Eigenständigkeit und Souveränität.

f. Juno in der Jungfrau im 3. Haus:
Beziehung, die sehr geistig, rationell orientiert ist, in der viel geredet und analysiert wird, in der mit Hilfe von Wissen, Kontakten und Austausch an dem Aufbau gearbeitet wird. Vernunft und Geist sind wesentlicher als Gefühl.
Witwenphase: Analyse seiner Beziehungsmuster mit Hilfe von Reden, Schreiben, Lesen, Lernen, entsprechendes Wissen.

g. Juno in der Waage im 11. Haus:
Eine freiheitliche, das Übliche sprengende, sehr abwechslungsreiche, spannungsgeladene, aufregende, überraschungsreiche Beziehung, in der die Bedürfnisse des Partners und die Harmonie in der Beziehung wichtiger sind als die Eigeninteressen, in der auch Freunde oder die

Integration in eine Gruppe eine große Rolle spielen.
Witwenphase: sich von nicht mehr passenden Formen seiner Beziehungsmuster und Definitionen von Attraktivität und Schönheit befreien.

h. Juno im Skorpion im 4. Haus:
Eine totale, intensive, leidenschaftliche, gefühlvolle Beziehung. Bei Angst und wenig Bewusstsein: gegenseitige Dominanz, Kontrolle und Machtspiele, gefühlsmäßige Erpressung.
Witwenphase: innere Reinigung von der Fixierung auf feste Vorstellungen bzgl. Beziehung und Partner; stattdessen totales sich Fallenlassen in seine unbewussten Tiefen und diese erforschen.

i. Juno im Schützen im 12. Haus:
Eine alternative, völlig ungewöhnliche, andersartige Beziehung, mit geistiger Verbindung (Weltbild, Religion, Bildungs- und Bewusstseinsstand), in der man seine Träume und Sehnsüchte wahr macht, in der man sich im anderen auflösen kann und darin seine Erfüllung sieht, in der jedoch auch freiwillig wieder Alleinphasen eingeschoben werden, die auch der Bewusstseinserweiterung dienen können.

j. Juno im Steinbock im 1. Haus:
Eine feste, stabile Beziehung, die auf Dauer ausgelegt ist, mit der man sich durchsetzen möchte, in der auch Aktivität, Dynamik und Triebhaftigkeit eine große Rolle spielen.
Witwenphase: seine Ablehnungswunde heilen, z. B. durch Körperarbeit, durch tiefe Verbindung zu seinem Körper und dessen Bedürfnissen, die man eigenständig zu befriedigen lernt; eigene Beziehungsstruktur für sich entwerfen.

k. Juno im Wassermann im 2. Haus:
Eine unkonventionelle, freiheitliche Beziehung, in der viel

Eigenraum möglich ist, viel Leben mit Freunden und/oder in einer Gemeinschaft und die dennoch sicher ist; Distanz zu Gefühlen ist wichtig.

Witwenphase: Selbstbefreiung von zu viel Sicherheitsbestreben in Beziehungen, das den eigenen Freiheitsdrang zu sehr einengt.

1. Juno in den Fischen im 6. Haus:
Eine Beziehung, in der sowohl der Wunsch nach Andersartigkeit und vollkommener Verschmelzung, nach Erfüllung seiner tiefsten Sehnsüchte wie auch das Bedürfnis nach Vernunft, Klarheit, Analyse der Partnerschaft und der Beteiligten, möglich ist und erfüllt werden.

Witwenphase: Analyse und vernünftige Betrachtung seiner Träume und Strategie entwickeln, diese zur Wirklichkeit werden zu lassen; Auflösen von zu viel Vernunft und Nutzungsdenken gegenüber einem Partner/einer Beziehung.

16. LITERATURHINWEISE UND FOTOS

Literatur

Hannelore Traugott: Lilith - Eros des Schwarzen Mondes, Edition Astrodata
Kocku von Stuckrad: Lilith, Aurum Verlag
Joelle de Gravelaine: Lilith - Der schwarze Mond, Edition Astrodata.
Demetra George: Das Buch der Asteroiden, Chiron Verlag

Fotos

Titelbild: Christos Georghion (fotolia.com)
Lilith: noeemi (fotolia.com)
Ceres: Ignatius Wooster (fotolia.com)
Pallas: steschum (fotolia.com)
Vesta: Chorazin (fotolia.com)
Juno: vbel71 (fotolia.com).

ÜBER DIE AUTORIN

Beate Helm ist Heilpraktikerin und hat über 30 Jahre Erfahrung mit psychologischer Astrologie, feinstofflichen Heilweisen, Körper- und Energiearbeit und Meditation. Sie hat in ihrer Arbeit schon früh Methoden der systemischen Kurzzeittherapie und Horoskopaufstellungen eingesetzt. Ihr fundiertes Wissen hat sie in der vorliegenden Astrologie-Ausbildung strukturiert, spannend und gut verständlich zusammengefasst - für neugierige Laien und für erfahrene Astrologiebegeisterte, die ihre Methoden der astrologischen Arbeit erweitern möchten.

Weitere Publikationen im Satya-Verlag: Astrotherapie * Das Weib im Horoskop – Lilith und die Asteroiden * Astrologie und Meditation * Horoskope deuten * Das Mädchen Namenlos - Ein spirituelles Märchen * Bach-Blüten und Bewusstseinsarbeit * Kalifornische Blüten und Bewusstseinsarbeit * Bach-Blüten und kalifornische Blüten von A-Z – Kompendium * Was Sie schon immer über Astrologie wissen wollten.

Weitere Infos: www.satya-verlag.de

www.ingramcontent.com/pod-product-compliance
Lightning Source LLC
LaVergne TN
LVHW051736080426
835511LV00018B/3092